Volver a aprender

Volver a aprender

Andreu Navarra

Plataforma
Editorial

Primera edición en esta colección: agosto de 2024

© Andreu Navarra, 2024
© de la presente edición: Plataforma Editorial, 2024

Plataforma Editorial
c/ Muntaner, 269, entlo. 1.ª – 08021 Barcelona
Tel.: (+34) 93 494 79 99
www.plataformaeditorial.com
info@plataformaeditorial.com

Depósito legal: B 10686-2024
ISBN: 978-84-10243-29-3
IBIC: JN

Printed in Spain – Impreso en España

Diseño de cubierta:
Arantxa Álvarez

Fotocomposición:
gama, sl

El papel que se ha utilizado para imprimir este libro proviene
de explotaciones forestales controladas, donde se respetan
los valores ecológicos y sociales, y el desarrollo sostenible del bosque.

Impresión:
Sagrafic

Índice

1.
La brújula primero

A menudo me asalta la sensación de que las cuestiones educativas en nuestro país están tremendamente desenfocadas. He llegado a la conclusión de que esa impotencia o falta de realismo procede de un programa deliberado. Por decirlo de otro modo: al poder le interesa que la comunidad educativa sufra dividida las humillaciones que se le están infligiendo, a través de sofisticadas políticas de distracción. Estos dispositivos destinados a desenfocar el debate pedagógico serían tres: en primer lugar, la burocratización acelerada, que es la cara real de las reformas oficiales, una codificación tecnificada que ata de pies y manos cualquier veleidad de acción autónoma; en segundo lugar, la guerra civil entre «tradicionalistas» e «innovadores», que no es más que la escenificación de una ofensiva destinada a distraer nuestra atención de los problemas de fondo que más afectan a alumnado y profesorado, y, por último, una memoria histórica fosilizada que nos conduce al puro partidismo, es decir, al simplismo vinculado a la promesa de mejora que nos prometen los partidos políticos que exigen nuestra sumisión y obediencia en nombre de grandes principios que actúan también como simulacros o señuelos que nos invitan a dejar de pensar. Este tercer dispositivo es el que me resulta más sorprendente, o más llamativo: la creencia en que el partido del que somos fans va a implantar mejoras efectivas que no pasen de la propaganda declarativa. Seguimos creyendo que existe una dialéctica entre izquierda y derecha, que la izquierda real con capacidad para llegar al poder resolverá la degradación educativa, cuando ha demostrado una y otra vez que en lugar de impulsar políticas redistributivas e igualitarias lo que hace es, pura y simplemente, obedecer a las agencias de valoración económica que le dictan la agenda de la dominación financiera. A mi modo de ver, este es el primer espejismo que tenemos que abatir si queremos avanzar algo en el diagnóstico de nuestros problemas.

Y digo que me sorprende esta esperanza de redención por la sencilla razón de que hace muchos años que los pensadores europeos de izquierda han percibido y localizado el problema de la volatilización de la socialdemocracia y trabajan desde hace tiempo en alternativas reales, o como mínimo se ponen en disposición de imaginar un espacio distinto al que hoy nos condena al simulacro inoperante y la ansiedad. Sin un buen análisis de dónde estamos y por qué, no nos levantaremos del suelo para volver a caminar. Quizá en estos precisos momentos, cuando la última gran operación de lavado de cerebro colectiva ha emanado del Ministerio de Educación, cuando la ridiculez y la falta de aplicabilidad son máximas y han cerrado definitivamente nuestra capacidad de maniobra democrática apretando el cerrojo de la burocracia, es ahora, decía, cuando tenemos la obligación de analizar por qué ha vuelto a pasar lo mismo y hemos vuelto a consentir que se nos imponga una variedad de simulacro educativo especialmente autoritario y deprimente.

Lo que se ha instalado en el fondo de nuestra discusión pública es el ilusionismo, una especie de confusionismo alimentado de prestidigitación. Diego Hidalgo, activista para una digitalización crítica, en su ensayo *Anestesiados*, lo expresa así:

> Siguiendo la cita de la profesora del MIT, Sherry Turkle, una de las principales técnicas del ilusionismo consiste en desviar la atención del público, procurando que la gente sea incapaz de concentrarse en el objeto en el que debería fijar su atención (2021: 9).

En lugar de concentrarnos en las privatizaciones masivas, el intrusismo pedagogista, la falta de recursos y el paternalismo clasista que hunde a nuestro alumnado, nos obligan a discutir sobre metacognición bizantina, obligándonos a creer en el solucionismo digital y la innovación disruptiva, mientras los problemas de la cruda realidad se cronifican y el sistema público colapsa.

Si no obtenemos un mapa realista de la situación política, no podremos pensar y decidir cómo reaccionar ante la ofensiva financiera y la privatización digital. Una descripción útil de qué ha podido ocurrir, por ejemplo, nos la aporta el filósofo Franco *Bifo* Berardi en *La segunda venida. Neorreaccionarios, guerra civil global y el día después del Apocalipsis.* Se pregunta Berardi, en los primeros compases de su libro: «¿Es posible una sociedad igualitaria que produzca utilidad, que ofrezca educación y cuidados médicos a todos? ¿Es posible una sociedad igualitaria y frugal que nos permita vivir en paz?» (2021: 9). ¿No son estas, al fin y al cabo, las preguntas que ha de hacerse cualquier pedagogo honrado en su deseo o disposición a trabajar para el sostenimiento de la democracia? Estoy dispuesto a pensar que hasta los promotores y redactores de la LOMLOE se preguntaron honradamente cómo podían responder de manera coherente a estas preguntas; así como tampoco me cabe la menor duda de hasta qué punto se equivocaron de camino, reproduciendo e incluso potenciando los dispositivos del dominio financiero que no supieron ver o localizar con suficiente claridad. Y este va a ser el hilo conductor de este capítulo, en el que trataremos de aclarar por qué nuestras comunidades educativas (españolas, pero también europeas) son incapaces de trazar e implantar un programa de emancipación educativa, una y otra vez, tropezando con la misma piedra.

Lo primero que hay que decir es que ni el progresismo liberal ni nuestra izquierda más social han sabido delimitar con claridad cuál es el enemigo declarado de nuestra escuela: la ideología neoliberal encarnada en un dominio financiero que somete a través de la deshumanización burocrática y, deseando la mejora educativa, nos han entregado atados de pies y manos, justamente, a quienes más les interesaban el desmoche pospedagógico y la instauración de la demagogia transhumanista. El nihilismo y la desmoralización se han apoderado de nosotros porque no queremos ver, o no nos interesa ver, qué había detrás de nuestras propuestas aparentemente libertarias. En otras palabras, hemos caído en las mismas trampas en las que cayeron, por ejemplo, en Estados Unidos o en el Reino Unido hace ya algunas décadas, en los tiempos de Reagan, Thatcher y Blair. Nuestra ventaja es que nosotros disponemos, precisamente, de esas experiencias traumáticas, para tratar de reaccionar antes de que sea demasiado tarde.

Berardi puede aportarnos unas coordenadas básicas. Nos explica que:

El caos no existe en la naturaleza, no es una realidad objetiva: es la relación entre la mente humana y la velocidad de los eventos relevantes para nuestra supervivencia física y psicológica. Cuando sentimos que vivimos en condiciones caóticas, esto quiere decir que nuestras mentes son incapaces de procesar emocionalmente y decidir racionalmente sobre eventos cuya velocidad se está intensificando, sobre una proliferante estimulación nerviosa. ¿Qué relación existe entre el caos y la subjetividad consciente? En el ámbito de la Ilustración se suponía que la subjetividad consciente era capaz de reducir el caos a un orden racional. Pero hoy todo intento de gobernar el caos parece condenado al fracaso, ya que la estimulación infonerviosa se ha intensificado más allá de los límites del procesamiento consciente (2021: 11).

Centrándonos más en el tema educativo, la pedagoga y ensayista Catherine L'Ecuyer elaboró una metáfora muy útil sobre lo que podría estar pasando en este preciso momento en millones y millones de mentes:

> Si el portero no hace una buena selección de quién puede entrar y quién no, entonces la discoteca (metáfora de «memoria de trabajo») se colapsa. Una memoria de trabajo colapsada no puede trabajar adecuadamente. ¿La consecuencia? Más errores, dificultades en el aprendizaje, deterioro de la calidad y la profundidad del pensamiento, pérdida del sentido de relevancia, etc. (2015: 140).

Consecuencias: «Primero debemos asumir que la discoteca no tiene un espacio infinito. Hemos visto anteriormente que no es cierto que nuestra memoria sea infinita. La capacidad de la memoria de trabajo es limitada, por lo tanto, debemos cuidar mucho lo que dejamos entrar. Y no solo la cantidad, también la calidad».

Puestos a recoger metáforas sobre cómo aprendemos, no está de más traer aquí otra analogía elaborada por Héctor Ruiz, especialista divulgador científico en el ámbito de la psicología cognitiva del aprendizaje:

Nuestra memoria no tendría nada parecido a las estanterías vacías de una biblioteca, que se pueden rellenar con libros nuevos. Las estanterías, de hecho, las formarían los propios libros. Dicho de otra manera: los conocimientos que ya tenemos constituyen el sustrato sobre el que podemos situar nuevos conocimientos (2021: 49).

La malla en la que se encajan los nuevos conocimientos estaría hecha de conocimientos anteriores, en contraste con la propaganda política y oficial, que insiste una y otra vez con el hecho de que los «contenidos» ya no son importantes. ¡Cómo no van a serlo si son el aprendizaje en sí! El constructivismo hegemónico ha abierto el paso a un antiintelectualismo que se apoya en una gran operación de ingeniería social: no hay nada que aprender porque el Autómata lo aporta todo. En este sentido, las leyes están obligando a dejar de aprender, a abandonar el pensamiento autónomo para sustituirlo por las prestaciones tecnológicas. Naturalmente, esto no tiene nada de ético, y hemos de continuar enseñando y promoviendo el aprendizaje, más allá y por encima del transhumanismo privatizador: «Para incorporar conocimientos nuevos, estos deben conectarse a estructuras de conocimientos existentes con los que guarden una relación semántica» (Ruiz, 2021: 49).

El modelo comprensivo actual, por lo tanto, conduce a la extinción del aprendizaje, no a su fomento. Ni es inclusivo (porque es excluyente) ni conduce a una sociedad más preparada para la Sociedad del Conocimiento. Solo conduce al tecnofeudalismo más crudo y políticamente hipócrita, que sustituye la ciencia y las humanidades por el currículo oculto que aportan las opciones de consumo más patrocinadas a través de la Red. El Autómata dicta y las autoridades educativas confirman sus direcciones. Además, ¿qué decir del abuso competencial en que hemos caído de forma quizás ya irrecuperable? Escribe Ruiz:

> Con frecuencia se confunde el aprendizaje activo con aquellas prácticas educativas en las que el alumno «hace cosas». Esto es, se identifica con el denominado *learning by doing* ('aprender haciendo'). Sin embargo, el aprendizaje activo incluye cualquier experiencia de aprendizaje en la que el estudiante piensa activamente sobre el objeto de aprendizaje, buscándole significado y contrastándolo con sus conocimientos previos (2021: 55).

¡Como si pensar o relacionar significados no fuera *hacer algo*! Y por todas estas razones es por lo que hemos ido a parar a un destierro de cualquier tipo de pensamiento abstracto y teorético, en nombre de una ideología poshumana y paternalista. Lo que acaba resultando es que las llamadas «pedagogías activas» en realidad son más pasivas que las llamadas «pasivas», por la sencilla razón de que están diseñadas para interferir el curso de los pensamientos, tal y como nos advertía Berardi. El pedagogismo competencial es un ataque de clase, una imposición ideológica contra los derechos del alumnado mayoritario, el que no puede pagarse una formación privada. No está basada en ningún tipo de evidencia racional o científica, es una construcción más bien religiosa en lo aparente y empresarial (quiero decir, «patronal») en el fondo: charlatanería sancionada e impuesta desde centros de poder político para desmantelar la educación pública.

Existen también, en la aceleración que implican las operaciones comerciales del capitalismo infinitesimal, implicaciones éticas. Como ha escrito Diego Hidalgo, «en el ámbito tecnológico todo está concebido para impedir o dificultar que ejerzamos una reflexión ética sobre nuestras decisiones» (2021: 20). En una democracia no debería haber nada que lograra *escapar* de la reflexión ética, y las multinacionales *big tech* se han convertido en especialistas del camuflaje público. Aunque, tarde o temprano, se acabe sabiendo la verdad:

> Algunos incluso sienten aversión por los productos que contribuyeron a desarrollar. Sean Parker, uno de los cofundadores de Facebook, es consciente de haber perjudicado a millones de personas y reconoció que utilizó esos mecanismos a sabiendas (Hidalgo, 2021: 38).

Y no es precisamente el ejemplo único ni el más importante de cinismo:

En noviembre de 2016, Zuckerberg trataba de «locos» a quienes afirmaban que su empresa había contribuido a la elección de Trump, mientras que en octubre de 2017 reconoció que 10 millones de personas habían recibido anuncios pagados por grupos rusos que pretendían influir en la campaña. La cifra real se elevaría de hecho a 126 millones (Hidalgo, 2021: 207). El capitalismo filantrópico necesita rodearse de un aura salvífica y humanitaria, cuando lo que oculta es una ideología neoliberal y extractiva muy concreta, la evasión de impuestos y el lucro desmedido.

Cuesta aceptar que nuestras administraciones se estén empleando a fondo para perjudicar adrede los intereses de nuestra juventud, pero se trata de la única explicación lógica ante tamaña invasión de neuromitos y pseudociencia sancionada por decreto. Lo que estaría ocurriendo en nuestras escuelas, institutos y universidades no sería más que el traslado a las aulas de un colapso cognitivo social. El neurobiólogo Michel Desmurget demostró que las nuevas tecnologías afectan al desarrollo de la inteligencia, el lenguaje y la atención, y también relacionó el consumo de pantallas con la hiperactividad. Un famoso psiquiatra, Manfred Spitzer, bien conocido en nuestros medios de comunicación, ha llegado a acuñar el concepto de «demencia digital». Siguiendo esta lógica, una buena dirección educativa, es decir, una *innovación* real, y no el clásico conductismo hegemónico mejorado hoy, consistiría en un *entrenamiento profundo de la memoria de trabajo*, una educación para la concentración, una educación para el *trabajo adecuado*. Una construcción en red de estructuras semánticas de conocimiento real llamadas a adquirir nuevos contenidos. Alguien que *no puede o no sabe* concentrarse para trabajar, tampoco podrá ensimismarse para preparar un programa de autodefensa civil.

L'Ecuyer ha llegado a conclusiones claras: «Es imprescindible que el niño o el adolescente tengan desarrollados unos objetivos vitales antes de adentrarse en un mundo que solicita continuamente su atención» (2015: 141). Y, un poco más adelante: «Hemos acostumbrado a los niños a ritmos que no armonizan con sus ritmos internos, los hemos hecho depender de sobreestímulos externos que cancelan su deseo de aprender» (2015: 142). Y entretanto, ¿qué hacen las autoproclamadas aulas del futuro? Reducir el presunto aprendizaje a la mera minería de datos.

Cuando se nos bombardea con ideas apocalípticas desde todos los frentes posibles, nuestra capacidad de tomar una distancia reflexiva se aminora, o directamente desaparece. Es lo que explica que cada día se nos «informe» de que si no cambiamos revolucionaria e inmediatamente todas nuestras culturas escolares, enviaremos a nuestro alumnado a un matadero, el matadero de «los oficios que aún no se han inventado». Es por esta razón que el agresivo *marketing* de las nuevas pedagogías nos acuse continuamente de no ser suficiente humanos ni equitativos (naturalmente, no lo seremos nunca: de lo que se trata es de que nos sintamos permanentemente culpables de no ser nunca suficientemente válidos para la revolución cultural que se nos exige desde arriba).

Hemos de estar constante, perennemente, elevando autocríticas, como en la antigua RDA, para poder encajar y suplicar un empleo en la maquinaria de la revolución neoliberal actual. Es por esta razón que se nos indica constantemente que hemos de ser dignos del siglo xxi y extirparnos de una vez y para siempre de la violenta cultura escolar de los siglos xix y xx, presentándonos en los medios como psicópatas, sádicos, vagos o gentuza privilegiada e indolente. Como si la comunidad educativa hubiera de ponerse sobre alerta de posibles conspiradores neofranquistas agazapados que hacen fracasar adrede todas las reformas progresistas para proteger sus privilegios y sus «zonas de confort». Quien ha estudiado el antisemitismo o la violencia simbólica machista a través de los siglos sabe a qué se deben esta clase de análisis naturalizados que apuntan, precisamente, a uno de los únicos colectivos sociales cuya función, en principio, es el fomento de la racionalidad reflexiva. El otro gran colectivo de análisis social y control sobre la clase política, el de los periodistas, hace tiempo que ha sido devastado por la precariedad.

2.
Opiáceos pedagogistas

Hace unos días vi con mi pareja una serie documental estre-
mecedora: *Painkiller* (Netflix), basada en hechos reales, sobre la crisis derivada de la comercialización del opiáceo conocido como Oxycontin. Lo que se relata allí es totalmente
desolador, puesto que se calcula que unas 500 000 personas
murieron en Estados Unidos como consecuencia de la adicción, la ingesta incontrolada o la sobredosis de esta sustan-
cia, que se vendía como el remedio definitivo contra el dolor
físico humano. Para que nos hagamos una idea, durante la
guerra civil española murieron unas 540 000 personas. Los
efectos de ese fármaco superan con creces los desastres de
algunas guerras. Cuesta de creer.

De todos los capítulos, me llevé las manos a la cabeza en
dos momentos concretos: cuando se soborna con un nuevo
puesto de trabajo al funcionario que debía vetar la aprobación del fármaco (es decir, la facilidad con la que una estafa
a gran escala superaba cualquier tipo de control guberna-
mental) y, luego, la capacidad de persuasión y las malas

prácticas que los comerciales de la marca desarrollaron para colocar un producto que sabían perfectamente que era terriblemente adictivo. En un momento concreto, una de esas comerciales se pone agresiva con un médico que no está dispuesto a recetar el opiáceo y le espeta que está «obsoleto», que se niega a cambiar de mirada y a aceptar el nuevo escenario revolucionario que significa la comercialización del Oxycontin.

En ese preciso momento di un salto en el sofá: ¿Acaso no es eso lo que se le está diciendo al docente español (en realidad al docente europeo) cada día desde hace décadas? Es la falacia futurista de siempre: Usted es un aguafiestas. Usted no se ha reciclado, usted es un trasto viejo, usted ha de irse o dejar paso a la Nueva Cultura escolar. Usted ataca los derechos humanos, usted pone peros a la felicidad. Es evidente que la comercialización de un opiáceo no se puede comparar con el daño que pueda hacer una reforma educativa de signo neoliberal, pero si uno le sigue dando vueltas al asunto, no se ve tan clara esa diferencia. Una educación clasista que cierra el paso a la cultura humana a determinados estamentos (los subalternos, evidentemente), una utilización falsaria y torticera del concepto «inclusión», utilizado para excluir y no para incluir, destruye millones de futuros y centenares de miles de proyectos vitales. La disciplina burocrática y el clasismo cognitivo son caras diversas del dispositivo de dominio financiero, como la publicidad engañosa y la inmoralidad sanitaria lo son también en este contexto general de ofensiva emocapitalista.

La cosa toma tintes aún más sospechosos cuando analizamos cómo se ha llevado a cabo la digitalización de nuestras aulas, tradicionalmente aliada de las neopedagogías, anunciada a bombo y platillo día tras día en los principales medios de comunicación: ¿Quién ha analizado las consecuencias *sanitarias* de ese proceso de tecnificación? ¿Quién está hablando de adicciones, ansiedad, depresión, riesgos de emulación excesiva? Por no hablar de la abundante literatura científica que dista mucho de considerar realmente útiles a los dispositivos digitales. ¿Quién está analizando y aprobando los lucrativos contratos de las administraciones con los comercializadores de dispositivos digitales educativos? ¿Cómo es posible que miles de millones de euros pasen sin filtro estatal alguno de las arcas públicas a los beneficios de unas contadas empresas, con absoluta opacidad?

Ajustemos un poco más nuestra lente para precisar nuestras preguntas: ¿Quién se está beneficiando realmente de la digitalización? ¿Dónde está el debate público sobre la idoneidad de esta inversión gigantesca?

Desarrollémoslo. En lugar de perder el tiempo debatiendo sobre si el uso limitado o indiscriminado de dispositivos digitales en clase es beneficioso o no. Ha ocurrido algo mucho más relevante desde un punto de vista educativo, pero ya algunos pensadores como Mark Fisher se dieron cuenta de la realidad: los docentes han perdido el control y la soberanía sobre las justificaciones últimas de su trabajo, y el alumnado que no forma parte de la exigua élite económica ha sido condenado a entrenarse para un mundo precario y deshumanizado, sin servicios públicos, en el que la norma serán la infrarremuneración y la tecnovigilancia. Ya es grave que nadie osara plantearse los porqués de la digitalización draconiana, y ahora parece ya tarde para prevenirnos contra la desertización que ella conlleva. Los adultos consentimos en entregar a la cultura neotaylorista nuestros cuerpos, nuestro ocio y nuestros objetivos vitales, pero lo que es especialmente inmoral es que entregáramos también los de nuestro alumnado, desde instituciones públicas, entre otras cosas porque el alumnado menor del tramo obligatorio *no puede ni pudo escoger*, y tampoco sus familias. No nos hemos enterado de qué iba la película: se nos han colado sofisticadísimos instrumentos de catalogación humana y estamentación social, fruto del darwinismo social y del utilitarismo poshumanista más crudos, pensándonos que el centro del debate era una digitalización entendida como herramienta complementaria para nuestra actividad laboral.

Hemos tardado demasiado tiempo en entender que las herramientas éramos nosotros. Las reformas educativas pretenden convertir al docente en un comercial de Oxycontin pedagogista, en fomentador entusiasta del opio público.

Si solo Berardi hubiera dibujado este panorama ciertamente preocupante, podríamos pensar que era cosa suya ese diagnóstico desalentador. Sin embargo, las malas noticias nos llegan desde muy distintos autores que hace tiempo que están llegando a conclusiones muy parecidas. Por ejemplo, en un ensayo del filósofo Rafael Argullol sobre la Modernidad y la soledad metafísica del ser humano, leemos que:

Hay un factor decididamente más dramático que el debilitamiento de la fe optimista en el progreso. Aquel que ha determinado que la lógica del conocer como dominio se haya prolongado en la lógica del dominar como destrucción. O, más precisamente, como autodestrucción (2013: 64).

La razón violenta y la sociedad sacrificial que denunciaban los textos de María Zambrano se han reinstalado entre nosotros sin que nos demos cuenta. Y por esta razón todos tenemos la sensación de que han vuelto algunos de los peores fantasmas europeos de los años treinta del siglo pasado. Es decir, no ocurre solo ya que se haya agotado el impulso democratizador de los últimos años setenta, sino que lo ha sustituido un impulso de naturaleza opuesta, predatoria y exageradamente individualista. La democracia y el entusiasmo que necesita para sobrevivir han de ser preservados contra los dispositivos utilitaristas y economicistas propios de la dictadura financiera, y esa conservación no la podemos lograr sin un sistema educativo humanista y humanístico.

Argullol también detectó el mismo problema *cognitivo* que observa Berardi, y además lo hizo hace una década, cuando el problema no era tan agudo:

La «dictadura de la actualidad» a la que estamos sometidos por medios de información mucho más poderosos que nuestras barreras de resistencia crítica nos conduce irremediablemente a la *amnesia*. El poder, en buena manera totalitario, de la actualidad implica la invitación al olvido; pero la pérdida de las perspectivas múltiples de la memoria no puede sino impulsar a la repetición de los peores errores del pasado (2013: 212).

Volverían, pues, los fantasmas y las violencias de la primera mitad del siglo xx.

Y si olvidamos también la cultura (es decir, la barrera crítica contra la sinrazón invasiva), olvidaremos también nuestros derechos y sentidos colectivos, seremos seres para el deseo inmediato, seres sin ética y sin dimensión personal, resortes para el darwinismo social más descarnado; o caeremos en la anomia más absoluta, entre otras cosas porque habremos salido de la cultura alfabética necesaria para defender las nociones asociadas a la ciudadanía crítica y no podremos leer ni siquiera los textos que nos puedan servir de bases para la autodefensa colectiva.

Malas noticias, me temo. Catherine L'Ecuyer ha escrito en una dirección muy parecida:

> Para el buen desarrollo de su personalidad, los niños pequeños necesitan en sus primeros años relaciones personales con su cuidador principal. El tiempo en el mundo virtual es tiempo restado a esas experiencias humanas. La pantalla se convierte, por lo tanto, en un obstáculo para la creación del vínculo de apego (2015: 36).

Las consecuencias de esta negligencia gigantesca son desastrosas:

El principal cuidador del niño es el intermediario entre la realidad y él. Da sentido a los aprendizajes. Una pantalla no puede asumir ese papel, porque no calibra la información para el niño. El niño recibe tal como es, sin filtro, lo que emite la pantalla (2015: 37).

La antipedagogía hegemónica que se presenta básicamente como un haz de innovaciones no es más que un nihilismo reactivo contra la incertidumbre. Una incertidumbre que se ha convertido en una máquina de imprimir billetes de banco. La digitalización (no el uso racional de una tecnología cualquiera) es una maquinaria imparable de generar soledad. Aislados unos de otros, los seres humanos han de consumir sueños digitales y fármacos para sobrevivir un tiempo; desde luego, renunciar al esfuerzo del deber de educar es el camino más corto para reducir al alumnado pobre a ciberproletariado doliente. ¿A qué estamos esperando para restaurar instituciones docentes que preserven e impulsen la cultura alfabética sin distinguir el origen socioeconómico del alumnado? Argullol afirma que «en medio de una edad de oro de la verdad científica nos hallamos en una suerte de edad de bronce de la verdad moral», y eso es exactamente lo que ocurrió en Europa entre 1914 y 1945. La razón tecnológica no es el problema, lo es el déficit preocupante de ética:

Nadie, por así decirlo, se atreve a proponer estrategias éticas de largo alcance o alternativas más o menos totalizadoras a los comportamientos colectivos de nuestra época. En este contexto prevalece el *hombre inmediato*, el confiado a una razón instrumental, pragmática, utilitaria.

El destino de nuestro alumnado residualizado es convertirse en un «ser para la producción» (Argullol, 2013: 219). Producción de datos, producción de victimismos distractores, producción de trabajo precario y sin dimensión creativa alguna. «El propio modelo capitalista de la economía, asumido sin perspectivas alternativas, aparece tan obvio y *natural* que ya no es ni siquiera nombrado. Es el Innombrable» (2013: 220), y por eso no existe en nuestra legislación declarativa y redentora, que no emancipadora, repleta de falsas revoluciones individualistas, aislacionistas, reconvertidas en presiones superficiales o estetizantes. Argullol caracteriza esta nueva sociedad como el mundo de la «publicidad total» en el que la realidad ha quedado relegada al olvido.

3.
Tecnología y privatización

Sabemos que la digitalización no es, en general, útil para enseñar o aprender. Aporta otras cosas, pero generalmente fuera del espectro pedagógico. La digitalización era la introducción de un nuevo tablero de juego profesional y cognitivo, fuera de nuestro alcance electoral y estatal. La digitalización era una privatización como nunca antes se había producido. Por lo tanto, los enemigos de la digitalización no combatimos unos usos concretos de unas tecnologías en clase; lo que combatimos es la privatización, la evaporación de nuestros intereses comunes encarnados en la escuela pública, que se han escapado de nuestras manos. Hoy la educación depende del comercio, de la adquisición de recambios, *softwares* y planificaciones realizadas a través de Inteligencia Artificial. Todo aquello que Berardi llama «El Autómata». Todo aquello que no podemos controlar, y que actúa contra las posibilidades vitales de nuestro alumnado, inmerso por decreto en una determinada cultura posdemocrática. El problema era político, no pedagógico.

Hay quien ha empezado a reaccionar. Nos lo explicaba la pedagoga Catherine L'Ecuyer en un artículo publicado en el periódico *La Razón* (11 de enero de 2023), cuyo titular era: «109 escuelas públicas americanas demandan a tecnológicas alegando que sus redes sociales han creado una crisis mental sin precedente». Nos enteramos así de datos inquietantes:

En 2021, Common Sense Media publicaba un estudio sobre la relación entre la salud mental y el uso de las redes sociales durante la pandemia en la franja de edad entre los 14 y los 22 años. Para contextualizar, Common Sense es el nombre de una entidad americana que realiza encuestas sobre el consumo de las nuevas tecnologías en la infancia y la adolescencia desde el año 2003. Le debemos información valiosísima. Desde sus inicios, se consideraba una entidad seria, logrando ganarse el respeto de muchos investigadores y de la población en general. El estudio compara la presencia de síntomas moderados a severos en función del uso de las redes en esa franja de edad. Uno de los resultados del estudio es impactante. Concluye que hay casi tres veces más de probabilidades de padecer síntomas de depresión (de moderados a severos) en los que usan redes, con respecto a los que no las usan nunca.

Por supuesto, de todo esto, en nuestro país, ni olerlo. Me gustaría saber quién está velando por la salud mental de nuestros menores en España más allá de un puñado de individualidades. Hace años que L'Ecuyer alerta sobre efectos perjudiciales que una exposición prematura a las pantallas puede implicar para la salud de los niños. Son sociedades de *pediatría* las que alertan del problema, ni siquiera ya pedagogos. El problema es político y también ya, desgraciadamente, *sanitario*. ¿Reacciones oficiales?

Escribimos «Digitalización Ministerio Educación» en Google y llegamos a la «Newsroom» de Samsung (consulta: 11-01-2023):

> La Junta de Castilla y León, el Ministerio de Educación y Formación Profesional y Samsung presentan en Valladolid el nuevo espacio Aula del Futuro para apoyar el desarrollo competencial docente. El acto de inauguración ha estado presidido por la ministra de Educación y Formación Profesional, Pilar Alegría; Rocío Lucas, consejera de Educación de Castilla y León; Ick Soo Choi, presidente de Samsung Electronics Iberia, y Alfonso Fernández, director de Marketing de Samsung. La red de Aulas del Futuro para el desarrollo competencial docente promueve la generalización de las metodologías activas con el apoyo de las tecnologías digitales y la transformación de los espacios educativos.

La noticia es del 30 de septiembre de 2022. ¿Quién paga esta red de lo que suponemos hiperaulas? ¿Dónde se construyen, cuál es el criterio de distribución? ¿Quién hará ese mantenimiento, quién controlará la efectividad pedagógica de esas aulas? ¿Por qué se utilizan las «competencias» para justificar un roto y un descosido?

¿Por qué la ministra se reúne con empresarios y no con docentes? Pero aún no ha llegado lo más divertido, el mismo día leemos la siguiente noticia en el mismo portal:

La Consellería de Educación de la Comunidad Valenciana, el Ministerio de Educación y Formación Profesional y Samsung presentan en Valencia la nueva Aula del Futuro para apoyar el desarrollo competencial docente. A la inauguración han acudido la Ministra de Educación y Formación Profesional, Pilar Alegría; el conseller de Educación, Cultura y Deporte de la Comunidad Valenciana, Vicent Marzà, y el director de Negocio Corporativo de Samsung, Carlos Gándara. La red de Aulas del Futuro para el desarrollo profesional docente promueve la generalización de las metodologías activas con el apoyo de las tecnologías digitales y la transformación de los espacios educativos (4 de marzo de 2022).

Es, virtualmente, el mismo texto: el reportaje de la misma recepción, pero en otra comunidad distinta; en este caso, la Comunidad Valenciana, durante la cruda polémica sobre la imposición de los ámbitos.

¿Todo esto tiene, en el fondo, si lo pensamos bien, algo que ver con la educación o la pedagogía? Quien siga deseando autoengañarse sobre el espíritu de la digitalización, cuenta ya con relatos de lo que está sucediendo en realidad:

No se trata tanto de mejorar los niveles de comprensividad de la escuela, como conseguir la penetración de las nuevas tecnologías para mejorar la «competitividad económica» y desarrollar el lucrativo negocio de las TIC. Porque, ¿qué mejor forma de incrementar el consumo de aparatos tecnológicos que la de educar a los futuros consumidores? ¿Qué mejor camino para ello que hacer de la informática educativa el centro del debate escolar? (Carrera y Luque, 2016: 37).

Es la historia de siempre: debates grotescos y clónicos en los medios mientras desaparece el dinero público. La *equidad* digital se ha convertido en un negocio especialmente lucrativo, y nos parece inmoral por una sencilla razón: perjudica adrede al alumnado. Nuestras instituciones políticas adquieren el papel de intermediarias entre los productores y las aulas: no era ese el papel que les debería haber atribuido una democracia bien organizada. Alguien debe velar por la responsabilidad civil y por la elaboración de pedagogías efectivas: comprar ordenadores y pantallas digitales no es más que populismo y solucionismo privatizador.

Hay agravantes: cuando aterricen las certificaciones universitarias *low cost* ofertadas por las multinacionales de las telecomunicaciones, ya tendremos al alumnado de clase media y baja alejado de la verdadera universidad. Estas corporaciones ofrecerán cursillos acelerados que certificarán competencias concretas; sabemos también que el objetivo de Bolonia era convertir los títulos universitarios en listas de competencias adquiridas o no, diseñadas como guías para el empleador. Con fronteras económicas que impiden que las mayorías accedan a estudios superiores, el saber real quedará totalmente privatizado y elitizado. Además, cuando lleguen a los dieciocho años, los estudiantes ya llevarán más de una década utilizando aulas virtuales privadas: las empresas ya contarán con sus historiales de calificaciones y registros de asistencia. Para realizar «estudios superiores» sin vuelo teórico, sin significados culturales ni contextuales, los estudiantes no tendrán ni que cambiar de plataforma educativa. Nosotros, los docentes ingenuos, ya les habremos obligado a consumir unos determinados productos, programas y modelos.

El autoengaño es el principal problema público de la conciencia política en la Europa de hoy, según Žižek: sabemos que nos están engañando, pero preferimos continuar engañándonos e incluso autoengañándonos para no desesperarnos o para no reclamar una ética de mínimos a nuestros responsables electos, totalmente intercambiables entre sí: todos entregan el poder a los organismos financieros supraestatales, todos entregan también el grueso del poder a las multinacionales *big tech*. Sabemos que la digitalización conlleva *demencia digital*, que mina nuestra capacidad para ensimismarnos, reflexionar y asentar conocimientos analíticos, los únicos realmente duraderos. Pero preferimos el autoengaño, porque es muy *cómodo*. Preferimos conformarnos con un simulacro de educación y perseguir, insultar y vilipendiar a quienes intentan construir una alternativa humana.

Lo cual explica por qué el público, en general, no quiere ni oír hablar de centros gueto, de poblaciones residualiza-

das, de aulas que ya no son aulas, de educación que ha renunciado al conocimiento; ya no aspiramos al igualitarismo
intrínseco a cualquier programa democrático, solo aspiramos a la comodidad, a que nada nos haga pensar más de la
cuenta, más de lo que nos dictan las agendas oficiales dedicadas al «pensamiento crítico». Nos da igual que no se dé
clase, que nos mientan los gurús y nos pinten un futuro increíble pero bueno y bonito, nos da igual que nos obliguen,
como en la antigua URSS, a negar lo que ven nuestros propios ojos.

Podría alegárseme: todo lo que aquí se acaba de explicar
proviene de la izquierda radical, está ideológicamente orientado o marcado, y sería verdad, pero por esta sencilla razón
hemos de asomarnos a lo que opinan pensadores de otro
signo más centrista, liberales progresistas, incluso personas
de derecha democrática, y la sorpresa es que, cuando con-
sultamos libros fuera de la esfera del marxismo o el anarco-
sindicalismo, el diagnóstico no cambia sustancialmente. Un
ejemplo, Anne Applebaum, columnista del *The Washington
Post* y premio Pulitzer por su obra *Gulag*. En *El ocaso de la
democracia* (2019), Applebaum nos explica que

La polarización ha pasado del mundo digital al real. El resultado es un «hiperpartidismo» que incrementa la desconfianza
con respecto a la política «normal», los políticos del *establish-
ment*, los ridiculizados «expertos» y las instituciones «conven-
cionales», incluido los tribunales, la policía y la administración pública, lo cual no resulta nada extraño, pues en la

medida en que aumenta la polarización, invariablemente se retrata a los empleados del Estado como si hubieran «caído víctimas» de sus oponentes. No es casual que tanto el partido Ley y Justicia en Polonia como los partidarios del Brexit en Gran Bretaña y la Administración Trump en Estados Unidos hayan lanzado ataques verbales contra funcionarios y diplomáticos de carrera; como tampoco lo es que jueces y tribunales sean objeto de crítica, escrutinio e ira también en muchos otros lugares. En un mundo polarizado no puede haber neutralidad porque tampoco puede haber instituciones apolíticas o no partidistas (2021: 113).

No resulta muy difícil aplicar esta problemática sobre la realidad educativa que nos rodea: el profesorado y su especialización son el blanco fácil, el eslabón más débil del Estado ante quienes desean sacar tajada del desmoche de los servicios públicos.

Por esta razón, la izquierda neoliberal, actuando como lo haría la derecha libertaria y crispada, desata y cultiva la profefobia en nuestro país y estimula las acusaciones más fabulosas contra la llamada «escuela tradicional» y los malvados «profesaurios» que solo piensan en la perpetuación de los ritos sacrificiales y sádicos del franquismo. El profesor es un maltratador, un opresor, un aguafiestas, un personaje tétrico surgido de la larga noche franquista. Un torturador. En realidad, ese expresionismo profefóbico es un instrumento de erosión que, día tras día, ha conseguido minar la confianza, no en los maestros en sí, sino en la institución escolar como ente orientado a la emancipación. El poder financiero ha conseguido que olvidemos que a la escuela íbamos para aprender y emanciparnos, y por eso quien defienda esos fines para la educación pública es automáticamente acusado en los medios de «rojipardo» o «fascista», demostrando que el esencialismo humanista es un enemigo tanto de la derecha visceralista como de la izquierda neoliberal identitaria. Ambos son productos de una política de la venganza que saca provecho de la desesperación ante el pillaje invisible de la oligarquía financiera.

La solución racional al problema, naturalmente, no era la amenaza, sino la profundización de un modelo liberado de fosilizaciones burocráticas, y orientado hacia la construcción del pensamiento racional, enraizado en las realidades sociales, comprometido con el conocimiento riguroso y la cultura general bien asentada, para poder interpretar el mundo y el entorno y poder optar a la plena autonomía ciudadana. Pensando que participan de una rebelión antisistema, los que aplauden el discurso liquidador de los falsos libertarios están privando a sus hijos de un horizonte emancipador, dejando que se sustituyan las herramientas de análisis racional (literaturas, filosofías, ciencia) por el currículo oculto del darwinismo social y las ansiedades propias del capitalismo cognitivo, que parece mucho más revolucionario que el estudio paciente y la evolución personal.

¿Cómo hemos podido llegar hasta aquí? ¿Por qué es tan perniciosa esta privatización y cómo ha podido avanzar tanto en tan poco tiempo en nuestro país? Un fragmento de

Evgeny Morozov, experto en políticas tecnológicas, nos puede aportar pistas sobre cómo ha podido suceder:

> Imagínense que el gobierno enviara regularmente a un grupo de saboteadores bien remunerados y bien formados a sabotear las defensas contra inundaciones o contra terremotos que pudiéramos tener en casa y que nos diera la opción de recurrir al sector privado para gestionar la seguridad, ya sea en forma de mejores defensas o de mejores seguros. Esta es la situación en la que estamos ahora; la única diferencia es que los desastres de seguridad cibernética están casi enteramente provocados por los humanos y, por lo tanto, son evitables (2018: 245).

Este pasaje morozoviano se refiere a problemas de «ciberseguridad», pero lo que sospecha este autor bielorruso doctorado en Harvard y profesor en Stanford es fácilmente extrapolable a nuestro sistema educativo. Como un sistema educativo es, en realidad, una mezcla de edificios y una red abstracta de conceptos, difícilmente podría ser saboteada por agentes terroristas armados con cizallas y dinamita. En realidad, un sistema educativo es mucho más sencillo de sabotear, basta con desatar una burocracia disfuncional que se comporte como una interferencia radical entre el alumnado y su derecho constitucional a ser educado.

Eso es lo que es realmente el pedagogismo competencial: la avería oficial que nos deja inermes ante el solucionismo digital y las prótesis privadas. Todo el conocimiento que era un derecho de la ciudadanía, ahora es un privilegio, y el sabotaje, acompañado de una altamente equívoca retórica neohumanitarista, ha sido desatado y extendido desde todos nuestros centros de organización política, sin posibilidad de apelar al sentido común: desde la Comisión Europea hasta las extraescolares municipales, pasando por ministerios, consejerías y centros de formación pedagógica. Es lo que explica, por ejemplo, que no se haga gran cosa en ningún país europeo ante la evidencia garrafal de que las reformas competenciales *impiden más que fomentan* el aprendizaje imprescindible para ser un ciudadano europeo.

El pedagogismo competencial es un virus, una anomalía diseñada para estimular el comercio privado (comercio de datos, y venta de conocimiento *real*) en detrimento de los derechos democráticos. En ningún caso se ha revelado como la revolución alumnocéntrica que estaba llamada a ser.

Morozov ha intuido que la democracia capitalista, el régimen en el que el Estado nos protegía de los abusos de la industria, se ha convertido en algo muy distinto, puesto que en la posdemocracia-mercado parece que las empresas son las instituciones que están llamadas a corregir los desmanes y las negligencias de los Estados. El problema es que los servicios privados son inestables, intermitentes y volubles, con lo cual a través de esta concepción adonde se llega realmente es a la disolución de cualquier resto de estado del bienestar. Los gobernantes se aferran a la austeridad mientras continúan vendiendo cuentos de hadas internáuticos, y de hecho la gran narrativa de la austeridad suele ir asociada al gran relato religioso del solucionismo salvífico digital.

¿Cómo podemos volver a educar en este panorama desértico, en este laberinto de espejos donde la desaparición de las grandes narrativas sociales en realidad era la instauración de un gran relato de dominio que nos negamos a ver y combatir? A mi modo de ver, el primer paso es seguir afinando en nuestras preguntas públicas. El debate no es o no deberá ser si utilizamos Internet o no utilizamos Internet. El ser humano es, también, además de *social*, un animal *tecnológico*. No hay ningún motivo para que no utilicemos bolígrafos, tenedores o mesas, tecnología de la más diversa, siempre que sea sostenible. El problema principal, según Morozov, radica en la posibilidad de que podamos pensar *fuera de Internet*, viendo estrategias de capitalismo donde las mismas grandes empresas y las clases gobernantes solo ven falsas redenciones. El problema, digámoslo de otro modo, es de *laicidad*, de autonomía racional o capacidad de análisis. Y por esta misma razón, la solución debería pasar por un proceso de *crítica radical*, es decir, por una *Reilustración*.

Sin reilustrarnos no podremos volver a enseñar, por supuesto no podremos volver a aprender. E ilustrarse significa entrenarse en la desactivación de mitos, milagrerías y cuentos de hadas, lo que Gramsci denominaba «folklore». Poco podremos hacer si no nos damos cuenta de que la digitalización es hoy uno de los principales dispositivos de dominio que nos atenazan a nosotros y a la juventud que tenemos el deber de educar. Estas serían las tareas que tendría que afrontar una nueva pedagogía más responsable.

4.
Anarcocapitalismo

Esto son las pedagogías identitarias y emocionales: fábricas conductistas de extremistas y victimismo. Ilustración oscura. ¿Cómo va a ser libertaria una educación diseñada por el Banco Mundial? Mi temor es que la lucha de los humanistas esencialistas y la de los reformistas oficialistas quede absorbida por la ultraderecha y la derecha neoliberal. ¿Qué habrá desaparecido de los campos razonables? El marxismo analítico y la democracia cristiana, las opciones que aún podrían sentarse a pensar en un futuro vivible y capaz de reconstruir el ideal educativo neodemocrático, libre de extremismo futurista y de nostalgia paralizadora.

Cuando afirmamos que la escuela actual está en peligro de ser rediseñada como una mera fábrica, no estamos exagerando. Los especialistas Olga García y Enrique Galindo han estudiado en sus trabajos esta vertiente turbocapitalista y taylorista de la escuela moderna, encontrando planteamientos realmente inquietantes desde hace, por lo menos, un siglo:

En 1916, el profesor de la Universidad de Stanford y reputado administrador escolar Ellwood P. Cubberley afirmaba, en su obra *Public School Administration*, que «nuestras escuelas son, en cierto sentido, fábricas en las que los productos en bruto (los niños) deben ser moldeados y convertidos en productos que satisfagan las diversas demandas de la vida. Las especificaciones para la fabricación provienen de las demandas de la civilización del siglo XX, y es el cometido de la escuela construir a sus alumnos de acuerdo con las especificaciones establecidas» (2022: 96).

Como se puede observar, el lenguaje milenarista de este asesor es prácticamente idéntico a nuestros planteamientos oficiales, solo que trasladados a cien años después, y confunden también las necesidades «de la vida» con las de la industria, que hacia la Primera Guerra Mundial también estaba en plena transformación.

Nuestra época ha ido más lejos y ha llegado a proclamar que las asociaciones patronales son la única fuente legítima de discurso ético y cívico. Los industriales desplazan no solo a pedagogos, profesores, sociólogos y filósofos, sino también a los sacerdotes:

En el libro blanco sobre educación que la CEOE publicó en 2017 se citaba, con gran entusiasmo, a Juan Carlos Tedesco quien, en una obra titulada *El nuevo pacto educativo*, y comentando un informe de la Mesa Redonda de los Industriales Europeos (ERT), había manifestado lo siguiente: «Las empresas modernas aparecen como un paradigma de funcionamiento basado en el desarrollo pleno de las mejores capacidades del ser humano. Estaríamos ante una circunstancia histórica inédita, donde las capacidades para el desempeño en el proceso productivo serían las mismas que se requieren para el papel del ciudadano y para el desarrollo personal» (CEOE, 2017: 39). No es de extrañar que la CEOE salude alborozada semejante afirmación, puesto que la coloca como los grandes adalides y propulsores del progreso humano en su más noble acepción (García y Galindo, 2022: 102).

A esta mezcla de bajeza, ceguera, absolutismo y megalomanía ha descendido el liderazgo europeo, en el que el mercantilismo más rudo ha sustituido a un liderazgo político en retirada. Declarar que las virtudes del buen ciudadano coinciden con las del trabajador cognitivo y las del emprendedor es de un reduccionismo que hiela la sangre. No hay más «crecimiento personal» que el laboral y económico. La vida humana queda reducida a un puñado de talentos únicamente orientados a apoyar la desregulación laboral. El pillaje queda convertido en un discurso filosófico con ribetes místicos y sectarios. Si nos preguntamos por qué los planteamientos pedagogistas parecen una religión, la respuesta no puede ser más sencilla: *proceden* de una religión civil que ha colocado el diseño empresarial en la cúspide de las aspiraciones humanas.

Esto es, obviamente, una aberración. Un educador responsable no puede entrar en un aula con una concepción del ser humano tan tremendamente reduccionista. Y por eso existe una distancia tan enorme entre las exigencias de los políticos y las aspiraciones de los docentes: el utilitarismo conductista no puede ser la base de sistema ético alguno. Un planteamiento extremista que nos puede llevar a constatar el enorme contraste que existe entre la propaganda de los profetas del Gran Cambio educativo y la ideología que hay detrás de todo el impulso político para implantar las competencias y la desregulación curricular. La única explicación posible es que el papel de los propagandistas de la Gran Transformación o el Nuevo Paradigma sea la distracción, de manera que detrás de los grandes proyectos humanitarios y emocionales no parece esconderse más que la estamentación humana y la pura y clásica privatización masiva de recursos públicos. Todo ello se aliña con titulares grandilocuentes y discursos cada vez más fantasiosos, cuya insensatez los ha abocado al embotamiento conceptual, a no ser más que mantras encráticos vacíos de significado, pero de obligado cumplimiento. En otras palabras, de la religión economicista autocomplaciente hemos pasado al nihilismo social más irracionalista.

Pero si afirmamos que las *opciones de mercado* han sustituido a la *pedagogía*, si llegamos a la conclusión de que el *pedagogismo* es, en realidad, *emocapitalismo*, nos tenemos que plantear qué produce este nuevo dispositivo de intercambio social, y por qué irrumpió con tanta fuerza hace pocos años. La respuesta es evidente: la falsa pedagogía nos vende una *utopía*, un ideal irrealizable que las familias compran y que los docentes deben implantar a cualquier precio.

Los nuevos diseños curriculares, el vaciado cognitivo, están relacionados con un estado de confort típicamente emocapitalista que excluye cualquier tipo de molestia, esfuerzo, actividad, sorpresa, diálogo constructivo, construcción del saber estructurado, adaptación o evolución. Lo que nos vende este capitalismo acelerado es un *estado de gracia*, un mundo autorreferencial acabado y destinado al goce eterno. El escritor Agustín Fernández Mallo ha escrito:

> Qué duda cabe de que el mundo social y material está diseñado, y que la historia del diseño es la búsqueda del confort infinito, por el cual los objetos existentes han de amoldarse al humano, la utopía final en que los cuerpos no tengan que hacer esfuerzo alguno para adaptarse al entorno, evitar toda fricción y rozamiento con el hábitat, evitar toda *aceleración/deceleración* y, en definitiva, tender a la *velocidad constante*.

Es decir, la existencia medida, prevista y controlada.

> En este sentido —sigue el autor—, el capitalismo monetario y el capitalismo infinitesimal, en tanto principales interesados en crear confort en sus producciones, actúan como utopías, programas con un fin último al que llegar, en este caso no mediante la coerción de las utopías clásicas sino todo lo contrario, por medio de la menor oposición posible: todo lo que el consumidor pida le será concedido, todas sus *emociones* serán requeridas por el mercado —triunfo del emocapitalismo— (2023: 278-279).

El pedagogismo competencial es una opción de consumo, no un compromiso docente.

La Escuela del Ser es esto; las hiperaulas, el DUA, la equidad rawlsiana, los grandes mitos de la reforma educativa reciente en Europa son esto: venta de confort utópico, negación libidinal de la realidad, extirpación de toda «fricción» o «rozamiento» (las evaluaciones, los exámenes y deberes y libros y horarios y procesos reflexivos, la lectura, la escritura, todo lo que el sistema rechaza); confort a la carta, servidumbre humana, docilidad, totalitarismo de la *felicidad* productiva, naturalización de la desigualdad. No porque sí Gramsci consideraba que la retirada de los exámenes del sistema educativo consolidaba las jerarquías sociales preexistentes (Entwistle, 2023: 68).

Por esta razón la experiencia de la docencia actualmente es tan *anaeróbica*. Al docente se le exige un entrenamiento mental burocrático y tal carga de previsiones para el confort absoluto del alumnado, que su salud se resiente ante las aspiraciones en progresión asintótica. En otras palabras, se le exigen imposibles y, claro es, lo imposible no llega nunca, y lo que sí llega acaba siendo una *distopía* del desorden total, en lugar del Nuevo Orden pacificado que describen las propedéuticas oficiales. El nuevo orden es un orden sobre el papel, en un mundo que se desinteresa de la *realidad*. Por esta razón, nuestra Reilustración ha de ser, también, un *realismo*, un proceso de desintoxicación. Habitando un caos presidido por la violencia simbólica, al docente se le exige que genere un paraíso sin recursos suficientes. Y entretanto, el *entorno real* sigue golpeando, sin que a los jóvenes les hayamos proporcionado herramienta alguna de autoprotección y análisis, más allá de un puñado de eslóganes autorreferenciales.

Busquemos algún ejemplo ilustrativo. Un ejemplo de la *realidad*. Entrevistado por Helena López el 17 de marzo de 2023, el profesor Dani Cortijo intentaba contextualizar el problema del *bullying* con las siguientes respuestas:

> El problema es que se hace mucha política de PDF. Tú publicas, por ejemplo, el decreto de escuela inclusiva; un padre lo lee y dice «mi hijo tiene derecho a tal». Pero eso después no se materializa en el aula porque no hay medios para materializarlo. Tú imagina que tienes una clase de treinta niños (esto es una radiografía más o menos real de un cole de media o alta complejidad, no te estoy hablando de máxima) y quizá tienes uno con TEA, cuatro disléxicos, seis con déficit de atención; una persona absentista —nivel que tienes que intervenir con el ayuntamiento, porque no viene nunca al cole— y, durante el curso, te aterrizarán en el aula una media de tres o cuatro personas que en muchos casos no conocen la lengua; y quizá tienes un aula de acogida para todo el cole. ¿Qué haces? [...] Y no es solo eso. Además, te dicen que tienes que hacer un Plan individualizado (PI) de esto y un PI de lo otro. Y, en teoría, a la hora de evaluar lo tienes que tener todo en cuenta, pero se hace lo que se puede, simplemente. Ahora se detectan

más los problemas de salud mental de los chicos, también el *bullying*, y eso en principio es positivo. Aun así, la solución a todos ellos siempre es un PDF. A mí una cosa que me pone muy nervioso es que me hagan escribir en un PDF una cosa que yo sé que no podré cumplir porque no llegaré. Yo a un padre no le puedo decir «a tu hijo le haré esto» cuando no podré hacerlo. No puedo hacer treinta clases distintas.

Esas treinta clases distintas son un ideal del capitalismo infinitesimal, de la demanda a tiempo real; pero un centro depauperado, operado por seres humanos, no puede actuar como un robot de intercambio financiero instantáneo. No puede ser optimizado ni algoritmizado. Los centros educativos que lograran adaptarse a la ley en vigor resultarían *antihumanos*.

La legislación despliega utopías, pero no se interesa sobre la aplicación de los regímenes burocratizados que implanta. En realidad no se está regulando la escuela, sino que se está poniendo el sistema bajo sospecha y bajo la égida de una burocracia absurda, corrosiva por inaplicable. Y esto ocurre cada treinta meses, el tiempo que suele durar la vigencia de una ley educativa. Cada nueva ley, con su correspondiente ristra de decretos, es como un proceso de actualización de la LOGSE, como cuando queremos apagar nuestro ordenador y algo o alguien nos envía las «actualizaciones» automáticas. Son inercia, sin voluntad de cambio. Hay que volver a purgar el sistema, hay que actualizar la propaganda entre las bases. Nadie sabe lo que ha de hacer ni cómo, lo cual trae un lucrativo negocio formativo, y, además, quien muestra dudas o vacilaciones es acusado inmediatamente de ser ultraconservador o franquista. A la Ley no le interesa la evolución del alumnado, de las leyes de educación solo interesan los aspectos propagandísticos y los beneficios que va a producir a una élite formativa. A menudo, los docentes tendrán que *pagar* para ponerse al día. En el capitalismo emocional, los trabajadores han de pagar por poder continuar trabajando. Han de pagar por cursos, han de pagar por aplicaciones que les permitan organizar lo inordenable, y han de pagar también por el *mindfulness* y la asistencia psiquiátrica. Han de pagar terapias y fármacos, y han de protegerse *jurídicamente* contra las amenazas disciplinarias cada vez más frecuentes. Porque cualquier día puede ser acusado de cualquier cosa extraña. Y, de hecho, una minoría del alumnado sabe que tiene en sus manos la frase más temida: Te voy a denunciar. Y resulta relativamente fácil urdir una causa contra un docente con unos pocos rumores, algunos descuidos, en centros en los que el sistema ha colocado en la dirección a jefes de personal que actúan de fiscales. En el mundo reformatorio de la educación europea la desprotección es la norma. Porque el alumnado, no nos engañemos, también habita en la más absoluta indefensión, sobre todo si es pobre o sobrevive en casas de acogida. Indefensión contra las potentes alienaciones sociales, indefensión frente a la máquina burocrática, que lo mide y lo reduce a estadística, a productor de datos comercializables, sin su consentimiento.

Y, como no se puede programar lo que no es medible ni comprensible, el docente está permanentemente en fraude de ley. En cualquier momento puede iniciarse el proceso disciplinario, y para superarlo hay que *pagar* también. Hay que *comprar* una programación o un modelo, o una tutoría que te corrija la programación. Las leyes de educación tienen un componente de especulación sobre la cantidad de formación que se pueden sufragar los propios docentes afectados. Desde los centros de poder se reordenan las piezas en el tablero: para adaptarse hay que pagar unos impuestos, unos impuestos emocionales y unos impuestos monetarios. La reforma educativa europea es una actualización de la extracción cognitiva, cada vez más privatizada. La estrategia de las instituciones y sus palmeros, que necesitan justificar sus cargos, siempre es la misma: al docente que pregunta cómo puede hacer su trabajo razonablemente bien, con inclusión, sensibilidad social y atención individualizada, se le ataca poniéndolo en una línea binaria, quiero decir maniquea: si protesta porque está harto de ver *bullying*, se le acusa de no actuar contra el *bullying*; si señala la evidencia de que las políticas de inclusión son una tomadura de pelo, se le critica de mantener una opinión contraria a la inclusión; si protesta contra la segregación grosera, se le llama directamente fascista y se ponen en entredicho tanto su moralidad como su profesionalidad. Lo cual provoca que los docentes se retraigan, caigan en la inacción y se limiten a sobrevivir administrativamente, por lo menos hasta que decidan cambiar de empleo. Las causas correctas de la democracia se convierten en dispositivos de sumisión laboral: quien osa destapar la realidad es condenado al ostracismo, como en una especie de *revival* de la conciencia puritana.

¿Se puede aprender y enseñar con serenidad y normalidad con este panorama?

5.
Emocapitalismo

Para intentar comprender qué está ocurriendo, faltaban diagnósticos de época que están empezando a llegar. Un libro ambicioso que se ha propuesto explicar por qué la vida humana ha sido totalmente colonizada por tres tipos de capitalismo que tienden a la entropía y a la anarquía es *La forma de la multitud*, de Agustín Fernández Mallo. Según este autor, un capitalismo antropológico basado en intercambios de valores y jerarquías lleva organizando la vida humana desde tiempos prehistóricos, acelerando cambios o generando sociedades más estáticas, que crecían únicamente de forma controlada. A esta base antropológica de trueques se le sumaron el capitalismo monetario, el de la producción desaforada, y un nuevo tipo que aún no ha sido muy descrito, el capitalismo de tiempo infinitesimal, el que trata de lanzar predicciones de comportamiento, precisamente para comerciar con ellas. Esto sería importante a la hora de tratar de entender en qué se está convirtiendo la escuela: en una fábrica de patrones de comportamiento que permitan a las empresas comerciar con las identidades digitales dispersas de los millones de usuarios obligatorios que proporcionaría el sistema educativo.

Es totalmente necesario comprender qué tipo de dispositivos ha desplegado este nuevo tipo de capitalismo:

> Hemos dicho que, no por casualidad, las nuevas religiones, aglutinadas en una macrorreligión que las envuelve, monoteísmo al que llamamos *opinión pública*, obtienen carta de credibilidad cuando son sometidas y manejadas por tics y modos que son estructuras de mercado —diseños de *marketing*, señuelos y mantras típicos de la publicidad, la existencia de una serie de personajes populares que la difundan, su expresión en la moda, en la vestimenta, en las costumbres, etc.—, por la característica diferenciadora, lo que distingue a esas prácticas de mercado religioso de otras propias del mercado tradicional (Fernández, 2023: 156).

Lo que ha ocurrido *realmente* en los últimos años queda totalmente dilucidado: un poderoso dispositivo de *marketing*, una auténtica *religión de mercado*, con sus gurús y sus eslóganes revolucionarios, ha desplazado a las didácticas y las ha convertido en pobres opciones rudimentarias sin capacidad de competir con la nueva ola de *marketing*. Las corporaciones han copado la visibilidad pública con sus gurús y predicadores clónicos, dejando sin ninguna opción a la pedagogía crítica, que luchaba débilmente por mantener la pedagogía apartada de la religión productiva. La opinión pública ha sido confundida con una superstición política de propuestas cíclicamente repetidas en todas las plataformas de interacción posibles.

En otras palabras, se ha creado una inmensa secta, preñada de pseudociencias y emotecnología, que ha borrado la pedagogía de un plumazo. La escuela del aprendizaje ha sido sustituida en cuestión de meses por la escuela del ser que selecciona quién debe avanzar y quién no, que congela las etapas del aprendizaje para considerarlas fines en sí mismos, sin noción de progreso. La sociedad no ha de progresar, no ha de aprender: lo único que ha de hacer es tomar todo lo que necesite de la Red, tanto material como espiritualmente, sin hacer preguntas sobre lo que pueda haber más allá, al otro lado de la pantalla, sin plantearse quién diseña y quién controla al Autómata.

¿Cómo operan los agentes del Nuevo Paradigma? Criminalizan y señalan los viejos usos, y los califican como estados perniciosos, dictatoriales. Realizan una caricatura de todo lo anterior, presentándolo como el paraíso del autoritarismo y la tortura psíquica, para prometer un estado de gracia inminente. Como explica Fernández Mallo, en relación al poder directo:

En algunos periodos históricos, como el actual, tal amenaza cambia de forma y rostro y se ve mutada en seducción, de tal manera que, del modelo del ya clásico poder coercitivo biopolítico típicamente foucaultiano —vigilancia y castigo—, se ha pasado a un poder seductivo, el emocapitalismo, forma de dominación que aparece cuando el capitalismo monetario, a fin de obtener rentabilidades, lejos de reprimir las emociones y apetencias de los ciudadanos, las fomenta y produce. Toda apetencia del consumidor será cumplida en cualquier tiempo y lugar (Fernández, 2023: 224).

En otras palabras: el sistema educativo ha pasado de estar basado en el *orden* y la *disciplina* a estar basado en la *vigilancia* y el *rendimiento*, dispositivos que se nos están revelando como cada vez más ansiógenos y adaptados a nuevas formas de control social y dominio consumista basadas más en el temor social (a quedar aislados, a ser diferentes o a ser cancelados en las redes) y en el deseo (infinito por naturaleza) que en la violencia jerárquica. Cualquier programa emancipador ha sido ridiculizado y bandeado, en un lugar sobre el que acaba de pasar una auténtica apisonadora de sometimiento mental.

Se ha querido vender el emocapitalismo como pedagogía de la liberación, y la operación ha sido un éxito incontestable. Actualmente prácticamente nadie se atrevería a admitir que hemos convertido a todos los alumnados en *consumidores* pasivos de saberes desestructurados, y de esta situación procede el terrible estado de confusión en que yacen las instituciones educativas, obligadas a elaborar informes y mantener la convivencia, instaladas en sociedades que exigen títulos inmediatos y abominan de cualquier noción de actividad cognitiva intensa. La ideología del «todo lo quiero, y además ahora mismo» ha borrado cualquier otro tipo de regla moral en la escuela, concebida como un laboratorio de la felicidad y no como un centro de aprendizaje. La felicidad estática ha sustituido a la necesidad formativa.

Sin embargo, lo más sorprendente es que políticos en teoría adscritos a ideologías republicanas se sumen a la Revolución Cultural o Gran Salto Adelante que propagan los abanderados del sector privado. Que la patronal europea desee erigirse como emanación única de soberanía y filosofía, no debería sorprendernos. El emocapitalismo es la novedad absoluta en el horizonte político del siglo XXI, como el fascismo y el leninismo lo fueron del XX: lo sorprendente es que tengan la pretensión de presentar un dispositivo de dominio social como una política progresista. Y como esa disrupción radical no parece tan exagerada entre dirigentes de derecha, mucha gente asustada prefiere buscar refugio en nostalgias conservadoras. Que Alejandro Tiana, ex secretario de Estado de Educación y autor de la LOMLOE, del PSOE, se adhiera al movimiento sin ningún tipo de ambigüedad, sí que resulta más chocante: «Estamos intentando cambiar la cultura escolar» (*El País*, 27-12-2002), una cultura que la ministra que impulsó la LOMLOE, Isabel Celaá, consideraba «elitista»; antes que él, por ejemplo, el conseller de Educación catalán, Josep González Cambray, publicó un artículo en el periódico *Ara* cuyo titular era: «Hagamos que las cosas pasen. Al servicio del alumnado», y hablaba también de una gran y necesaria transformación, exactamente igual que en los materiales de la Fundació Bofill o la asociación Rosa Sensat. Lo que se les olvida explicar a estos responsables políticos es el *porqué* de esa gran marcha fáustica hacia la vaciedad más absoluta, cuál era el trasfondo europeo de sus propuestas y por qué eran tan urgentes, y a *quién* iban a beneficiar realmente. En otras palabras: cómo justifican que su exigencia de equidad acabe traduciéndose en un aumento preocupante de la desigualdad social. Todo ha sido una gran fiesta libidinal, un enorme dispositivo de falacia idealista, totalmente ajena a intereses sociales o pedagógicos.

El camino conservador no servirá de nada, Fernández Mallo nos lo advierte, y es bueno que lo haga. El proceso de redefinición de nuestro sistema productivo no tiene vuelta atrás, es irreversible. Es mucho más preferible que nos pongamos a pensar cómo construimos a partir del acontecimiento que no tratar de hacer como si nada hubiera pasado. Tendremos que aprender a cortocircuitar el emocapitalismo si algún día empezamos a pensar en una Reilustración masiva y en un retorno de las posibilidades racionales, redistributivas e igualitarias, tanto sociales como pedagógicas. Es necesario que construyamos una nueva sabiduría para la adaptación a la dictadura emocapitalista, puesto que esta, apoyada en la clase financiera y en el Autómata (o Ciberleviatán), ha llegado para quedarse y no tiene ninguna intención de soltar a su presa.

Y su presa somos nosotros, nuestra vida, nuestro ocio, nuestras aulas. El origen de la gran transformación queda siempre en la semipenumbra, aunque todo el mundo sabe pero a la vez no quiere admitir que en el origen de las nuevas exigencias están las agencias supraestatales de fomento del crecimiento económico. Las causas del cambio educativo en España han sido escamoteadas desde el primer minuto, decoradas de humanitarismo, como si esos cambios se debieran a nuestra propia soberanía nacional o a las necesidades del alumnado.

Los falsos libertarios no van a construir un sistema educativo al servicio de la emancipación y ni mucho menos al servicio del alumnado. Los «nostálgicos» de sistemas anteriores, tampoco. El currículo oculto conduce a la barbarie más peligrosa: el salvajismo tecnológico, el todo vale del capitalismo libidinal. Nuestro mapa orientador se ordena un poco cuando descubrimos que la crisis de la institución escolar se enmarca en una crisis institucional mayor, provocada por la seducción neoliberal, que es la cara amable y efectiva del dominio financiero. En el campo educativo, han sido los llamados gurús, financiados por la banca, las multinacionales y los organismos económicos supraestatales, los encargados de consolidar y extender la sospecha profefóbica, previa a la transformación de la economía. Mientras los españoles piensan que están adecuando su sistema educativo *a los nuevos tiempos* lo que están haciendo, en realidad, es aceptar acríticamente la precarización de las vidas de sus hijos. En otras palabras: se han equivocado de amigos.

Este nuevo dispositivo de dominio sustituye la disciplina por la autoexplotación, el orden social por el caos rentable, la sanción por la autoculpabilización, la moral por la ansiedad emulatoria, la normatividad por la burocratización: es igual de devastador que el ordoliberalismo anterior, pero mucho más sutil. Digamos que, de algún modo, los ordoliberales decimonónicos y los nazifascistas fueron muy toscos y groseros en sus metodologías: no fueron nada discretos en sus imposiciones, culturicidios y asesinatos. Hoy el poder ha de disimular un poco más y para mantener las estructuras patriarcales y el dominio financiero ha de cambiar las bombas y el fuego por la seducción y el mecanicismo conductista. Ha de ser más sutil, ha de hacer pensar que una serie de cambios cosméticos constituyen una «revolución», para apartar a sus enemigos: la conciencia de clase, el análisis económico, la cultura humanística, cualquier herramienta de percepción racionalista de la realidad. Ha de hacer pensar que todo el mundo actúa como quiere y porque quiere, modelando su ser, considerando que la vida es, más que cualquier otra cosa, un acto instantáneo de construcción identitaria que no necesita reflexión ni proceso informativo previo, sino picos de aprobación emocional y eco público.

Trasladado a las nuevas formas educativas, se sustituyen los exámenes por las autoevaluaciones, la humillación por haber suspendido por la ansiedad de no sacar un diez, la arbitrariedad de un hipotético profesor sádico por la evaluación imposible de las emotividades, los criterios objetivos de clasificación por el nihilismo y el determinismo social, la exigencia de saberes mínimos por los autoengaños, el deber moral de ser inteligentes y cultos, como diría el filósofo y pedagogo Gregorio Luri, por el victimismo y el ofendidismo constante y perpetuo. El bloque humano anterior creaba ganadores y perdedores, pero el actual solo genera consumidores y clientes incapaces de orientarse en un contexto especialmente turbulento y áspero, donde todos resultamos hostiles. La meritocracia desaparece y en su lugar se consolida un determinado modelo estático, neobarroco y estamental, brutal y aparente, de sociedad. A los perdedores se les retiran las oportunidades de ganar, y fingimos que a través de un ocio hiperactivo podemos evitar que se generen conflictos sociales en un futuro inmediato.

Los pedagogos Carrera y Luque entendieron el problema y lo plantearon con toda claridad: «Ofrecer a cada uno solo aquello que es capaz de pedir es favorecer formas de dominación, puesto que la demanda está desigualmente repartida» (2016: 44). Todo ello resulta especialmente peligroso porque logra convencer a las víctimas de que están impulsando una importante revolución humanitaria, cuando en realidad el objetivo de todo el entramado social y cultural actual sirve para encubrir el pillaje financiero y dejar intactas unas estructuras económicas cada vez más desiguales. Por no hablar de la cultura del activista cancelador, cuyo modelo humano encontramos hasta en los libros de texto: en estas revoluciones poshumanas nadie puede sentirse seguro porque nadie es lo suficientemente puro como para poder pensar que está a salvo de linchamientos y humillaciones públicas. Apartarse de los pensamientos correctos conlleva burla y marginalización, consolidación sistémica de las falsas alternativas machistas y racistas y un estado de sospecha insostenible en un medio democrático, cuarteado por la crispación.

Hay quien piensa realmente que unos artistas revolucionarios han traído la revolución social que exigían los nuevos tiempos, hay quien piensa realmente que a partir de tuits y pintadas y atentados contra obras de arte se desafía al poder establecido. El dispositivo neoliberal ha conseguido que el nuevo conformista se sienta muy *nómada, rebelde* o *insumiso*: porque utiliza una determinada ropa, se pone un determinado perfume, se financia unos estudios multicolores o se compra un determinado coche.

Si hay algo obsceno en la LOMLOE es que parece que se haga eco de todas las revoluciones en pie, sin referirse nunca a la gran cuestión que radica detrás de todo el malestar contemporáneo en Occidente: el dominio financiero. Es un tabú hablar del destino del dinero público, es un tabú hablar de privatizaciones o de comisiones abusivas: hablar de dinero es «emprender», la «equidad» moral ha borrado del mapa cualquier objetivo de igualdad material efectiva o de denuncia de las prácticas de los privilegiados.

Queda feo decirlo aquí, pero el marido de Anne Applebaum, Radoslaw Sirkorski, ministro de Exteriores polaco entre 2014 y 2017, forma parte del Partido Popular Europeo y no es persona precisamente sospechosa de ser un revolucionario. En el fondo, tanto la izquierda como la derecha centristas deberían aliarse para cortar el camino del desmoche neoliberal que plantean los falsos libertarios, por una parte, y los jabalíes de la extrema derecha machista, vengadora y racista, quienes pelean para sacar partido de la desestabilización institucional de Europa en un sentido ultrapopulista. Todos pueden servir a la «interpretación» necesaria del mundo reclamada por Berardi, única herramienta capaz de desactivar las confusiones políticas típicas del mundo neoliberal. Confusiones que nos conducen a identificar a un dictador como a un salvador o un amigo de la clase obrera, confusiones que nos conducen a pensar que los docentes son culpables de las violencias físicas y simbólicas que atenazan la vida de nuestros jóvenes, o que nos llevan a pensar que el pensamiento racional es elitista y opresor, cuando no existe otra herramienta para imaginar y construir el interés común.

Si seguimos con atención las argumentaciones de Berardi, podemos construir un hilo bastante coherente de lo que ha podido ocurrir con la educación europea y española: «Marx escribió: Los filósofos no han hecho más que *interpretar* de diversos modos el mundo, pero de lo que se trata es de *transformarlo*. Y eso fue lo que intentaron hacer los filósofos del último siglo. Los resultados han sido catastróficos». ¿Cuántas veces no hemos leído proclamas *revolucionarias* en la propaganda pedagogista oficial? Lo que se ha querido impulsar en España desde 1990 es una Revolución Cultural devastadora que no hay forma de frenar. La neopedagogía trata de transformar el mundo, pero lo está intentando sin suficiente espacio de reflexión, estrangulando las herramientas racionales, sin tiempo ni herramientas para analizar los resultados. Se huye hacia adelante con nuevas leyes, ocho ya, todas troqueladas en el mismo molde, y santas pascuas. Se va a la reforma educativa como quien se va a la guerra, como quien se va a la Cruzada. Por eso el pedagogismo siempre acaba destruyendo lo que intenta fomentar, porque se ha apuntado a una reacción irracionalista y antiacadémica.

Sigue Berardi: «Esta es la tarea fundamental de los filósofos: descifrar posibilidades. El ojo del político no ve lo posible porque está acaparado por lo probable». Al político le ponen delante suculentos productos, sin darse cuenta de que su país necesita otra cosa, no revoluciones megalómanas ni operaciones faraónicas, sino un puro y simple retorno a la posibilidad de una escuela de calidad para todos. Desea impulsar una revolución, renunciando al estudio atento de la cuestión. Al final siempre acaba ocurriendo lo mismo: cantos de sirena, privatización, ocultación de la realidad, urgencia fáustica, leyes declarativas, ausencia suicida de evaluación de los efectos de las reformas; en definitiva, nihilismo, ceguera y pérdida de derechos básicos. Fatiga, desmoralización. Abandono y caos. Cansados de gesticular, los actores bajan los brazos y ya solo se limitan a disimular. Sigue Berardi: «La interpretación es la condición para encontrar el hilo que nos permita desatar el nudo, que nos dé la capacidad de escapar del laberinto» (2021: 15). ¿Y en qué laberinto estamos inmersos? No en el de la fantasmática «escuela tradicional» y sus satánicos secuaces, un mito basado en impresiones de hace medio siglo, sino el de la mala calidad de la educación, un lastre para cualquier proyecto mínimamente democrático.

Hay que dejar de simular que somos muy modernos y empezar a reflexionar sobre cómo extender más y mejor conocimiento. Las habituales purgas de saber ya no funcionan, ya no electrizan a nadie. En todo caso, solo electrocutan. Hay que aceptar el dictamen de los especialistas y expulsar la propaganda engañosa de los impostores a sueldo de empresas y políticos ignorantes. A principios de los años ochenta, los filósofos españoles más posibilistas y moderados (Julián Marías, José Luis López Aranguren y Adela Cortina) ya nos avisaron de que podía ocurrir esto: olvidarnos de la España vivible, apegada a la racionalidad (la «visión responsable» de los textos tardíos de Marías), a través de una «ética mínima» de raigambre kantiana que pusiera el acento en lo que podía unirnos y no en lo que podía separarnos. Los proyectos neopedagógicos son «éticas de máximos» que nos dividen, porque de hecho funcionan como religiones y sectas, o pequeñas dictaduras universitarias, y buscan militantes en lugar de partidarios racionales. También la filosofía de Marina Garcés, desde *En las prisiones de lo posible* (2002), maniobraba hacia una dirección casi idéntica, con la ventaja de que lanzaba al futuro la posibilidad de nuevos tiempos pensados por y para nosotros, no por el Autómata o los dispositivos de dominio. La mente occidental parece encarcelada en movimientos estáticos, cíclicos: se ha vuelto incapaz de imaginar un futuro común vivible, es decir, un presente viable, y por eso es desesperantemente *conservadora*. Lo es por la sencilla razón de que el «conocimiento poshumano» no existe. España ha dejado que otros piensen por ella desde fuera, desde los detentores de propuestas interesadas y particularistas. La mente europea desea correr pero no lleva un buen calzado, y además toma el camino hacia atrás de manera demasiado acelerada.

Tienen razón algunos pedagogos cuando defienden que un equipo de docentes bien coordinado es capaz de obrar milagros con poco dinero; esto es cierto, pero también lo es que, precisamente, la deriva actual no deja pensar ni actuar a los docentes, sino que les impone el estándar digital y una concepción abusiva de la pedagogía competencial, sin tiempos ni espacios para reunirse y debatir cuál podría ser el mejor camino para las personas que son confiadas cada mañana al centro docente. La dictadura no es una buena fuente de pedagogía, de hecho, no es pedagogía, sino dispositivo de control social que hace pasar por ciencia pedagógica. En un país como España, que cuenta con poca tradición de filosofía de la pedagogía, y que no hace ni el más mínimo caso de la poca que atesora, esta dictadura y esta tormenta de falsedades resultan especialmente graves, porque no parece haber nadie especialmente interesado en detenerla. Todo ello en un contexto de naufragio absoluto de la razón democrática:

Aun cuando la mayoría de las personas se ha percatado de que la dictadura de las finanzas ha dado una descarga incapacitante a la democracia occidental y empujado a vastos sectores de la población a la indigencia y la desesperación, las finanzas no aflojan sus garras. La agresividad, la brutalidad, el racismo y la guerra son el resultado de la parálisis. El apagón de la sensibilidad es uno de los efectos de esta llave de estrangulamiento social. La idiotez se propaga por el mundo como una rebelión contra la racionalidad matemática del pillaje financiero: un apagón de la razón, ya que la venganza no escucha razones (Berardi, 2021: 14-15).

Por lo tanto, una pregunta bien enfocada podría ser: ¿Qué estamos haciendo contra la idiotez?

Quien dice «idiotez» puede decir también «antiilustración». Unas clases dirigentes irresponsables nos arrastran a las crisis de saqueo y a la guerra: ¿lo resolveremos jugando a videojuegos en clase o dibujando monigotes? ¿Por qué hemos mandado la seriedad al exilio? Sin duda para no colocar un espejo delante de nuestras cifras macroeconómicas. Es mejor no pensar que ver la realidad y tratar de organizar algún tipo de reacción coherente: el espasmo mediático es mucho mejor a la hora de ocultar una ignorancia galopante. Ante la evidencia de que la sociedad española (y europea) no sabe salir del laberinto neoliberal, atrapada entre la desigualdad y el pillaje, la única solución que aportan las administraciones españolas es: disimular, negar, ocultar, acallar, sonreír, aprobar leyes sin capítulo de recursos presupuestarios para su propia aplicabilidad. Bombas de humo. Los falsos libertarios hablarán de «equidad», «innovación», «Nuevo Paradigma», necesidad de un «cambio de mirada», pero, curiosamente, no verán ninguna necesidad de extenderse mucho o llamar la atención sobre la dictadura financiera, es decir, el capitalismo mafioso que ya no produce nada, sino que recombina información, para abaratar costes de todo tipo y para extraer beneficios convertido en un parásito del erario público. Hablarán de todo menos de flujos de dinero y de introducción de mecanismos de control en las aulas. Evidentemente, todo esto no sale gratis: «El gobierno racional es reemplazado por automatismos tecnolingüísticos». (¿Qué han acabado siendo conceptos como «atención a la diversidad», «inclusión», «competencias» o «equidad» sino comodines para impedir, precisamente, que se atienda a la diversidad, que se logre una escuela inclusiva o que se evolucione hacia el igualitarismo?).

Estos automatismos tecnolingüísticos son utilizados como armas arrojadizas contra quienes, precisamente, sí creen los mensajes redentores y desean de buena fe mejorar las condiciones de aprendizaje de sus alumnos. Es lo que permite, por ejemplo, que una escuela inclusiva en sus documentos de centro pueda no serlo en absoluto en la realidad, y la invocación de ese principio burocrático sirve para callar la boca al docente perplejo ante una realidad cotidiana que, obviamente, puede ser de todo menos *inclusiva*. De esta forma, un sistema profundamente segregador puede autoproclamarse totalmente diverso, de la misma forma que los nazis se consideraban a sí mismos verdaderos demócratas, o socialistas auténticos. La total desconexión y desinterés respecto a la realidad puede obrar estos milagros. Los dispositivos verbales de la burocracia educativa cancelan la realidad y otorgan un poder demiúrgico a los principios morales invocados irreflexivamente, sin que la realidad quede afectada por la disciplina pedagogista.

Esta violencia simbólica tiene mucho que ver con la digitalización, entendida como un terremoto económico social y no ya como un debate sobre metodologías en el aula:

Ninguna escapatoria de la violencia abstracta de la captura digital de la experiencia y el lenguaje parece viable. La destrucción de la racionalidad moderna retorna, así, como la única vía, y sabemos (por experiencia pasada) que esta destrucción lleva a su propia derrota. La razón universal ha humillado y paralizado a los individuos, por lo que los individuos recurren a la particularidad de la pertenencia, la identidad y la raza. Así se hizo la noche más oscura (Berardi, 2021: 14).

Dictadura financiera y agentes de la digitalización se han aliado para borrar cualquier tipo de vestigio reflexivo de los sistemas educativos: se ha de hacer lo que dicen las agencias de valoración o se ha de dimitir. Cualquier docente que dude o trate de organizar una resistencia democrática colectiva, ha de ser aislado y considerado un peligroso fascista, una persona obsoleta o aburrida. Suena inverosímil, pero cuando ves a una docente de Lenguas Clásicas llorando en un claustro acusada por un equipo directivo de ser «aburrida» y «jurásica», ya no resulta tan chistoso. Cuando lees a un supuesto pedagogo afirmar que la lectura y comentario de textos clásicos son una opresión, o cuando se acusa en público a los docentes de ser asesinos de la creatividad de los niños y otras enormidades parecidas, ya no parece todo tan increíble. Los exámenes, la memorización, los deberes, el saber mismo, las enciclopedias, las aulas de estudio, los verbos irregulares, las gramáticas, las tablas de multiplicar, las ecuaciones, la historia de la literatura, los pensamientos filosóficos, los libros de texto, todo es opresor y ha de esfumarse inmediatamente.

Todo lo que no es Autómata es dañino, intolerable, fascista, y debe desaparecer. El ser humano ha de presentarse totalmente desnudo ante el nuevo Dios Absoluto y aceptar su más completa sumisión a las *shitstorms* desatadas por el Autómata. Y este Autómata no es otra cosa que el Ciberleviatán que nos ha descrito con todo lujo de detalles el ensayista José María Lasalle. Sobre la mesa está un proyecto de ley que pretende expulsar a todo aquel funcionario que «no se adapte». ¿Que no se adapte a qué o a quién? Hagan sus apuestas...

Berardi nos enseña de qué modo la infoesfera monstruosa que hemos creado entre todos ha afectado a la psicoesfera individual inutilizándola para la reflexión pausada y racional. La neurociencia auténtica, que ha descubierto que aprender consiste en ensanchar una gran red de conceptos interconectados significativamente, también señala que un exceso de datos y de velocidad embotan nuestra capacidad de aprendizaje. Lo ha expresado con nitidez Diego Hidalgo:

Las categorías que las personas utilizan para estructurar su percepción y dar sentido a la realidad pierden terreno frente a una nueva organización conceptual del mundo, fuera del alcance de nuestra racionalidad y surgida del sistema de la IA (2021: 131).

La dialéctica, pues, está clara. Una y otra vez los estudios demuestran que la digitalización desaforada no solo dificulta sino que también impide el aprendizaje. Así pues, ¿por qué estamos legislando contra la salud y la integridad moral de nuestro alumnado? Las razones no son pedagógicas, sino puramente políticas: vivimos bajo una dictadura financiera. Ni nuestras ministras, ni nuestros consejeros ni equipos directivos tienen suficiente poder como para proponerse algo tan descomunal como la restauración de las capacidades racionales de nuestros futuros ciudadanos. Como nos recuerdan dos pedagogos propios inquietos y críticos, «para Joseph Stiglitz tres son las grandes instituciones que gobiernan la globalización: el Banco Mundial (BM), el Fondo Monetario Internacional (FMI) y la Organización Mundial del Comercio (OMC)»; «El FMI formulará directrices que hará cumplir el BM, proporcionando o no créditos para su ejecución, mientras que la OCDE se especializará en la evaluación educativa (informes PISA). Finalmente, la UE, a través de sus tratados (Maastricht o Lisboa...), impondrá determinadas normas legales y recomendaciones» (Carrera y Luque, 2016: 10,55). Muchos de nuestros falsos libertarios tienden a ocultar que trabajan para el Banco Mundial, o que están ejerciendo de propagandistas de las recetas educativas de la OCDE, la Organización para la Cooperación y el Desarrollo Económico, una entidad que no tiene ninguna clase de orientación pedagógica entre sus objetivos, mientras que los políticos fingen ejercer una soberanía de la que carecen. Nuestros ministros y consejeros del ramo han sido reducidos precisamente a eso: propagandistas de esos solucionismos, cuya naturaleza ilegítima imponen a la población en forma de leyes y decretos delirantes, pertenecientes a otra esfera de racionalidad: la económica.

Así las cosas, cualquier pedagogía para la emancipación ha de desconectarse de estos recetarios cuyo objetivo no es el aprendizaje sino la desertización escolar para consolidar objetivos estratégicos de dominio psicosocial. Un docente sí tiene el poder de restaurar la capacidad reflexiva del alumnado, y de construir espacios para la deliberación y la calma racional, siempre que resista los intentos actuales por reducirlo a un factor secundario, prescindible, a un residuo laboral.

6.
La gran deserción

Según Berardi:

> La potencia de la tecnología ha ido aumentando en forma sostenida, mientras que la conciencia social fue disminuyendo en proporción. Como consecuencia, la tecnología tiene cada vez más poder sobre la vida social, mientras que la sociedad tiene cada vez menos poder sobre la tecnología, a tal punto que ya no es capaz de gobernarse a sí misma (2021: 19).

Y, ojo, no se trata de un autor tecnófobo: al revés, su propuesta es que la izquierda empiece a utilizar parte de las técnicas que ha utilizado la derecha financiera para imponerse sin oposición, pero en un sentido racional y humanista, alejado de las políticas de la venganza que solo socavan el espacio de deliberación pública. Lo que propone Berardi es un pirateo realmente progresista, no la confusión inmoral entre progreso e interés saqueador:

En la coyuntura que denominamos del 68, se esperaba que la conciencia social tomaría el control sobre el cambio tecnológico y lo orientaría al bien común. Pero en ese punto sucedió lo contrario: los partidos de izquierda y los sindicatos vieron la tecnología como un peligro, en vez de como una oportunidad de la que adueñarse para volcarla en el interés de la sociedad. La liberación del trabajo fue etiquetada como desempleo, y la izquierda se enfrascó en una oposición a la imparable transformación técnica.

Hay que superar, pues, la fase ludita. Hay que empezar a desmantelar el poder absoluto de la dictadura tecnofinanciera con sus propias herramientas, tras restaurar las condiciones en las que razonar era posible. Los tecnócratas y los sindicalistas se han abandonado a dos formas distintas de nihilismo, el ludita y el transhumanista, que se retroalimentan. Hay que romper ese círculo vicioso, pero solo podrán romperlo personas educadas en la cultura alfabética. Es lo que consigue Diego Hidalgo, un ensayista no precisamente tecnoescéptico: con veinticuatro años había diseñado una aplicación para compartir coche, la plataforma Amovens; y en la actualidad sigue vinculado a una de las alternativas colaborativas de transporte de las que hablaba Morozov a propósito de Uber: la plataforma escandinava GoMore. Convendría que entendiéramos de una vez que la crítica necesaria no es una cancelación binaria, sino una exploración de *límites*, una operación o proceso de revisión inherente a la construcción democrática.

Afortunadamente, parece que empieza a haber voces sensatas. Me interesa el artículo «Contra los ordenadores en el aula», publicado por Gabriel Moreno, profesor de Derecho Constitucional de la Universidad de Extremadura, en el *Diario.es*, el 13 de enero de 2023. El autor plantea la pregunta clave, a mi juicio: «¿Por qué no convertimos las aulas en espacios de desconexión para facilitar el razonamiento tranquilo, la argumentación sosegada y, sobre todo, la concentración?». Este planteamiento ya no saniza las tecnologías, útiles para un sinfín de tareas, sino que, sencillamente, se sitúa en la postura del educador con sentido común: sin atención, sin debate, sin razonar, resulta imposible enseñar y aprender. No hay nada más antipedagógico que una de esas aulas de secundaria en las que el docente, agobiado por los formularios y aplicativos, lidia con la burocracia con su portátil corporativo mientras algunos de sus alumnos miran una serie de Netflix, en tiempo lectivo. La hipocresía ya empieza a sobrar a estas alturas. El tecnofuturismo nihilista y el pedagogismo oficial únicamente consolidan simulacros educativos, visiones ultraconservadoras de lo que deben ser un aula o un curso. Teorías de laboratorio, paraísos que no existen, aprendizajes que no se pueden verificar.

Como nos ha indicado Diego Hidalgo, «hoy en día, la principal actitud oscurantista consiste en rechazar cualquier crítica radical de la tecnología con un único argumento: que esta es tecnófoba» (2021: 14). Hasta ahora, la digitalización ha conseguido imponerse por encima de las leyes y la ética más elemental: quienes pensamos que no hay política sana ni democrática sin la vigilancia de los valores éticos estamos obligados a poner límites al solucionismo digital, el principal enemigo actual de la sociedad abierta y pluralista. La superstición digital es, sin duda, solucionismo oscurantista lanzado contra el estado del bienestar.

Hay que superar, también, el debate estéril sobre la idoneidad de las leyes de reforma educativa. Hay que *desechar* todas esas leyes, y ponerse a construir algo realmente útil para el campo educativo y académico. La tarea adecuada tiene más que ver con el escepticismo montaignesco que con la pelea mediática de cada mañana; sencillamente se trata de liberar a cuanto más alumnado posible de las tiranías mentales. Mejor la discreción que la megalomanía. Nos toca volver a ser astutos y simuladores. Las reformas educativas europeas, especialmente las competenciales, es decir, las posteriores a 1999, no son discursos orientados hacia la instrucción, sino modelos de ingeniería social estamental. Son herramientas de imposición técnica, dispositivos políticos que colocan y consolidan fronteras económicas entre los europeos. Son maquinarias de fabricar desigualdad y extremismos, no discursos para garantizar una mejor educación. Estamos desertando de nuestro deber si seguimos peleando, como neobizantinos, sobre estériles cuestiones de metodología: nuestro problema es de naturaleza política, no pedagógica.

Todas las metodologías pueden ser válidas si nos orientamos hacia la igualdad. Pero la dictadura financiera no nos deja, porque necesita a la mayoría abajo: abandonada, ahogada, precarizada, sin identidad propia ni horizonte vital, sin proyectos propios, sin capacidad para organizarse colectivamente, entretenida e incapaz de analizar el mundo. Berardi es muy claro cuando diagnostica la raíz del problema:

> Del 68 a esta parte, y particularmente a raíz del giro neoliberal, la mente colectiva de la humanidad ha sido sometida a un profundo proceso de reconfiguración. La esfera del conocimiento objetivado se ha acrecentado enormemente, mientras que el tiempo disponible para su elaboración consciente disminuyó en relación inversa. Esta dinámica doble ha provocado una explosión de inadvertencia (2021: 19).

Por esta razón las reformas educativas se elaboran en la oscuridad, sin consenso, y se imponen por decreto, o a través de normativas sin discusión. Llegan por la puerta trasera, la menor en tamaño, pero sus consecuencias son catastróficas para el conglomerado social.

El tiempo en educación, o mejor dicho, la velocidad, es la clave para cualquier iniciativa de éxito. El pillaje financiero impone sus *tempos* al resto de sociedad: las reformas se imponen expulsando de las discusiones a los expertos. Se ha de cobrar rápido y dejando cuantas menos huellas posibles, los medios se niegan a informar de estos pelotazos, el tecnogurú, el falso libertario y las multinacionales que los sostienen cogen el dinero y corren. Las familias que sufren esa merma en sus derechos ni siquiera se han enterado de nada, son inundadas de propaganda repugnante, hasta que se preguntan por qué en centros en teoría paradisíacos sus hijos no aprenden absolutamente nada.

Las familias no entienden nada, todo va a la velocidad de la luz. Pero un día han de empezar a pagar por la formación que no les ha proporcionado la educación obligatoria reglada.

Berardi llama infoesfera al dispositivo de bombardeo constante de datos y *shitstorms* de *fake news* combinadas y acumuladas, dedicadas a erosionar la convivencia democrática que destruye la psicoesfera y la reduce a un ente pasivo, a un mero consumidor de bulos y experiencias inmersivas fascinantes. Una gran parte de las pedagogías llamadas «activas» están orientadas, precisamente, a la modulación conductista del alumnado, a su estimulación excesiva e incapacitante, de ningún modo al logro de una educación de calidad. Todo eso es, diríamos, *fast food* antipedagógico, aunque algún docente especialmente competente pueda no haber perdido completamente el norte y haya logrado construir algún tipo de saber estructurado a partir de recursos tecnológicos. En realidad, lo que está ocurriendo es que estamos dejando que los videojuegos lo invadan todo, lo cual no sería un problema si ese alumnado sometido a la infodemia, la pandemia desenfrenada de datos (el concepto es de Byung Chul Han), supiera hablar, expresarse, leer, interpretar y escribir con suficiente habilidad.

El resultado de la ecuación que surge entre una instrucción básica deficiente en primaria y una inmersión indiscriminada en la infodemia resulta catastrófico: impide aprender, incluso tiende a aislar individualmente a cada alumno, generando ansiedad y valores antiescolares.

Los grupos hoy son de unos 50 alumnos, de los cuales raramente viene a clase más de un 30 %. Los que vienen, lo hacen en su mayoría con un portátil y/o un teléfono móvil que utilizan sin ningún resquemor durante las horas de clase. Las caras de los alumnos se esconden tras las pantallas. De hecho, me sé mejor las marcas de sus dispositivos que sus rasgos faciales. Es raro que alguien pregunte, por mucho que se les incite a hacerlo. Quince minutos antes de que acabe la clase ya están recogiendo sus cosas, deseosos de salir.

La imagen proviene de un artículo que colgó un catedrático de Economía, Daniel Arias-Aranda, en su muro de LinkedIn, el 30 de diciembre de 2022. Corrió como la pólvora; lo triste es que este tipo de textos mesurados y veraces no aparezcan en los grandes rotativos. Pero esta queja amarga no es lo más interesante de la descripción. La frase más interesante del pasaje es esta: «Cada vez me siento más como un profesor del instituto de una serie mediocre de los 80 que como un catedrático». No estamos yendo hacia adelante, sino hacia atrás. Si queríamos abandonar los hábitos mecanicistas y los ramalazos conductistas propios de la educación franquista, lo llevamos claro: acabamos de implantar unas rutinas mucho más inerciales y pasivas que las dinámicas inerciales y pasivas de hace medio siglo.

Para ir hacia adelante, no hay otro camino que la atención casi individualizada y humanística. Y hasta que la tecnología no deje de ser una Infoesfera incapacitante, no se podrá lograr; entre otras cosas, porque llevamos desde el año 2008 recortando. La Infoesfera seguirá acompañada de austeridad, porque nació con este propósito político de despotismo tecnocrático.

Para aquilatar el origen de nuestra sumisión actual, me temo que no hay más remedio que acudir a un texto inspirador escrito hace casi quinientos años, en los inicios mismos de la Modernidad. Me estoy refiriendo al texto genial de Étienne de La Boétie, impreso hacia 1577 aunque seguramente redactado unos treinta años antes y escrito por el mejor amigo de Michel de Montaigne, que inmortalizó a La Boétie en uno de sus mejores ensayos. El opúsculo de La Boétie se titula *Discurso de la servidumbre voluntaria*, y su tesis final es absolutamente insólita: el autor defiende que un deseo irrefrenable de sumisión embota la racionalidad de los súbditos europeos, lo único que puede explicar que unos príncipes necios y débiles consigan ser obedecidos e incluso adorados. Mientras todo indica que el estado natural del ser humano es la libertad, La Boétie trata de entender por qué el hombre se empecina en colocarse a un nivel inferior al de los animales, que viven en libertad y suspiran por ella, y qué clase de corrupción o egoísmo conduce al ser humano a entregar su libertad a un pelagatos cualquiera erigido en tirano.

Es cierto que no deja de ser comprensible que la ciudadanía se someta cuando es directamente amenazada con armas y coacciones físicas y psíquicas, pero, en un contexto democrático, ¿por qué consentimos en abandonar nuestra soberanía personal y académica para dejarla en manos de una pandilla de trileros y ladronzuelos? ¿Por qué cualquier atisbo o intento de mostrar autonomía es perseguido con los peores insultos? ¿Cómo es posible que, como señala Žižek, el ideal colectivo de la Europa de hoy sea ahogar y sofocar cualquier tipo de iniciativa política que intente escapar del Ciberleviatán? Nuestra deserción es abandono de la obligación de pensar y de enseñar a pensar. La seducción del Autómata es tan fuerte que no estamos sabiendo imaginar una alternativa racional para garantizar la libertad de las generaciones que seguirán a la nuestra. No nos han ganado a través de invasiones militares y policía política: ha bastado con ponernos a todos un *smartphone* en la mano y resucitar la vieja ideología puritana e iconoclasta de la Inglaterra de 1800, mezclada con el binarismo tradicional de la reacción anti-ilustrada. Preferimos no ver que hundimos a nuestros jóvenes en un mar de fracaso colectivo. Ya no tenemos ni la menor intención de educar a nuestros jóvenes, proporcionándoles los límites y los referentes cientificoculturales que necesitan para ser libres y exigirnos cuentas sobre nuestra conducta vergonzosa. Ni siquiera seremos capaces de proporcionarles una vivienda digna.

No he podido dejar de pensar en el mito según el cual existen los «nativos digitales» cuando he leído el siguiente pasaje de La Boétie:

[Los tradicionalistas] dicen que siempre han estado sometidos, que sus padres han vivido así; creen estar obligados a soportar el mal y se engañan mediante ejemplos, y ellos mismos recurren al tiempo para fundamentar la dominación de aquellos que los tiranizan; pero, en verdad, los años no otorgan jamás el derecho a hacer el mal, sino que agrandan la injuria (2019: 38).

El «mal» aquí, evidentemente, en el tema que nos ocupa, es la ansiedad, la irracionalidad y la violencia simbólica que contienen las redes. Por no hablar de lo que es más específico en este libro: una digitalización de la enseñanza que ya se ha demostrado que no arroja resultados pedagógicos beneficiosos para el aprendizaje.

Han pasado ya treinta años de inmersión digital: suficientes como para percibir los claroscuros y organizar una teoría racional sobre la servidumbre digital. En su libro *Educar en la realidad*, Catherine L'Ecuyer recoge decenas de estudios y experimentos que demuestran que la utilización de dispositivos digitales no mejora en nada el aprendizaje del alumnado. Existen certezas en este campo:

Lo que poco se sabe y se dice es que, hoy por hoy, no existe evidencia que avale los supuestos beneficios de las tabletas en las aulas. En un artículo de *The New York Times*, «Aulas del futuro, resultados estancados», Tom Vander Ark, un exdirectivo de la fundación de Bill Gates, también inversor en tecnología aplicada a la educación, al referirse a los beneficios de la tecnología en las aulas, reconoció: «Los datos son muy flojos. Cuando nos presionan para dar evidencias, lo tenemos muy complicado. O nos hemos de poner las pilas o nos hemos de callar» (2015: 76).

O sea, que no tienen nada. Pero eso ya lo sabían los científicos: Larry Cuban, profesor emérito de Educación de la Universidad de Stanford, afirma en su blog que

> «No hay cuerpo de evidencia [numerosos estudios que marcan una tendencia] de que el uso de iPad pueda mejorar los resultados en lectura o en matemáticas, y tampoco lo hay de que pueda dar mejores oportunidades de trabajo después de la universidad». En el mismo artículo de *The New York Times*, el profesor Cuban afirmó: «Hay insuficiencia de pruebas que justifiquen emplear dinero en eso. Punto. Punto. Punto» (L'Ecuyer, 2015: 76).

Entonces, ¿qué nos pasa? ¿Por qué hemos digitalizado nuestras aulas? ¿Por qué se dedican simposios, monográficos en revistas y periódicos, y recepciones y presentaciones públicas, y documentales patrocinados, a la «hiperaula» o las «aulas del futuro» hiperconectadas? ¿Qué arreglan? ¿Quién hay detrás? ¿Por qué tanto ruido? La respuesta no tiene mucho misterio: *publicidad engañosa*.

Lo único que mejora sustancialmente durante el proceso de digitalización es el bolsillo de una minoría poderosa de gurús y fabricantes. Esto ya no es un tema específicamente metodológico, sino de salud pública, y también, de nuevo, un problema de naturaleza política. Si nuestros jóvenes caen en la demencia digital o son adictos a aplicaciones de los teléfonos móviles, es porque los adultos hemos naturalizado esas distorsiones de la conducta, y actualmente alguien que intente reaccionar contra esa violencia simbólica es inmediatamente considerado un hereje o un demente. Sin embargo, ¿quiénes son los dementes, los que consienten en el estado de servidumbre o los que tratan de construir un discurso racional sobre los usos de las telecomunicaciones, como Catherine L'Ecuyer, Josep Burgaya, Diego Hidalgo, Marta Peirano o Javier López Menacho?

Es mucho más moderno La Boétie que cualquier falso libertario actual:

> No es creíble que el pueblo, desde el momento en que es sometido, caiga tan repentinamente en tal y tan profundo olvido de la independencia que no es posible que se despierte para recobrarla, sirviendo tan resueltamente y de tan buen grado que al verle se diría, no que ha perdido su libertad, sino que ha ganado su servidumbre (2019: 34).

Estamos tan a gusto en nuestra precariedad consumista que preferimos depender continuamente de opciones de compra que afrontar con un mínimo de coherencia el problema de la desigualdad. Preferimos que no se haga nada en la escuela que tener que esforzarnos por formar e instruir a nuestra juventud: algo que no podemos hacer si no nos formarnos e instruimos a nosotros mismos antes.

Es mucho más cómodo pagar por títulos que no indican ningún grado de adquisición, nos negamos a aprender y a enseñar, inventamos las filosofías y pseudociencias más extravagantes y sofisticadas para evitar cobrar conciencia de nuestra propia comodidad en la indolencia. ¡Qué bien se está sin la obligación de ejercer como un ciudadano pleno, sin hiperpartidismo y sin la obligación de informarnos sobre nada! Para todo basta una *fake new* grotesca o un video chorra. Para no analizar el origen de nuestro victimismo basta con votar a un payaso que nos dé la razón en todo y nos maquille convenientemente nuestra triste realidad con sus ideologismos y sectarismos civiles. En la Europa actual, contradecir es pecado. Razonar es una herejía, y la escuela, una molestia desagradable que disfrazaremos de salón recreativo.

La Boétie se zambulle en la Antigüedad para transmitirnos anécdotas jugosas sobre el funcionamiento del poder. Hay una que resulta especialmente útil o ilustrativa para nuestro propósito:

> Esta astucia de tirano, embrutecer a sus súbditos, no se puede conocer más claramente que por lo que Ciro hizo a los lidios cuando, tras haberse apoderado de Sardes, la capital de Lidia, y tras tener a su merced a Creso, aquel rey tan rico, y haberle hecho prisionero, se le dio la noticia de que los sardos se habían sublevado. Pronto los hubo reducido bajo su mano; mas, no queriendo saquear ciudad tan bella ni verse siempre en la dificultad de mantener en ella un ejército para guardarla, se le ocurrió un gran remedio para asegurársela: estableció burdeles, tabernas y juegos públicos, e hizo publicar una disposición según la cual sus habitantes debían frecuentarlos. Esta guarnición resultó tan eficaz que desde entonces nunca más fue necesario utilizar la espada contra los lidios (2019: 42).

No he podido evitar pensar en la infantilización de todos los niveles educativos, en la *gamificación* y la Escuela para la Felicidad, adonde son enviados los niños a seguir sus caprichos y, básicamente, a jugar. Estas falsas Arcadias que parecen paraísos de libertad, pero donde se evalúan las actitudes y los niveles de integración en juegos e iniciativas grupales. Son innumerables ya los testimonios de maestras que confiesan no saber ya exactamente qué están haciendo en sus aulas, ni para qué. La respuesta es sencilla: la ley las está obligando a *someter*. Antes íbamos a la escuela a aprender; ahora lo progresista parece que a la escuela se ha de ir a jugar, pero la realidad es mucho más prosaica y dura: docentes y alumnado nos reunimos cada mañana en las aulas a aceptar nuestra sumisión laboral anulando nuestras capacidades mutuas de autodefensa racional. Nos estamos entrenando mutuamente para el Nuevo Paradigma posalfabético, diseñado por las patronales europeas.

Ya no tenemos derecho a ser díscolos o antipáticos, o a ser caóticos o azarosos en algún momento. Estamos obligados a aprobar y a ser aprobados. Hemos de ser guapos y receptivos y positivos absolutamente todo el tiempo, y nunca podemos mostrarnos ceñudos, hoscos o, sencillamente, lúcidos y profundos. Intentar desprogramarnos o desprevenirnos es pecado. Las nuevas reglamentaciones evaluativas nos obligan a ello: no podemos fallar, no podemos no considerar una *desgracia* como una luminosa *oportunidad*, no podemos *decrecer* u ofender o defendernos. El suspenso está prohibido. En la sociedad actual no puede visualizarse otra cosa que no el *éxito*. Nuestra vida ya no importa. La materialidad que nos rodea es un problema menor, no importa si no vivimos bien mientras nos mostremos útiles y consolatorios. Por eso buscamos la compañía del vulnerable, nos hacemos fotos esperanzadoras con él: le impedimos que la fealdad social nos distraiga de la fiesta perenne. Todo es un extraño subtipo de extremismo conservador, inquisitorial y sonriente. Hemos de ser ilimitados y positivos sin límites. No podemos detenernos a pensar y mucho menos *abstraernos*. Pronto estará prohibido abstraerse, es decir, dejar de trabajar, de producir nuevos datos para el Autómata.

Catherine L'Ecuyer añade reflexiones muy oportunas sobre el concepto de «juego» en clase: en realidad, en lugar de *jugar*, estaríamos *entreteniendo*. Esta distinción es clave para entender lo que está pasando. Es bien sabido que se puede aprender jugando, pero nadie puede aprender *distrayéndose*. Nosotros no estamos enseñando mientras fomentamos el juego, nosotros estamos *entreteniendo*. No focalizamos nuestra atención sobre una realidad que hay que aprender comprendiéndola, relacionándola con una red preexistente de conceptos: nosotros estamos dispersando la atención, obligando a que nuestros jóvenes pasen *entretenidos* el tiempo de oro en que deberían estar *aprendiendo*. «En el juego, el niño se pone en marcha solo, desde dentro. En esas aplicaciones digitales llamadas "educativas", el niño se divierte dirigido por un programa, y la diversión se suele asociar con una recompensa» (2015: 79).

¿No estaremos consolidando una especie de dictadura de la diversión? Cuando converso con docentes humillados en clase, sometidos a intensas violencias psicológicas y físicas, muchas veces preguntan «¿Por qué hacen eso?», refiriéndose a sutiles estrategias de dominio y crueldades de todo tipo, protagonizadas por compañeros y alumnado. La respuesta no es muy sofisticada: humillar resulta divertido. Hemos generado un perverso totalitarismo de la diversión. Donde no hay motivación por aprender, donde ya nadie cree en el placer de aprender, entretenerse con cualquier bagatela o cualquier monstruosidad extrema es la norma.

Estamos muy lejos, pues, de instaurar el sistema alumno-céntrico que prometen las leyes:

Todos estamos de acuerdo en que el niño y el joven deben asumir el protagonismo de su educación. Pero el efecto novedad/fascinación del que habla Cuban, o el factor «motivación externa» que da al niño el ritmo acelerado de la multitarea tecnológica, o los mal llamados «juegos educativos», no necesariamente llevan al niño a asumir el protagonismo de su educación, más bien lo contrario. El que lleva las riendas frente a la pantalla no es el alumno, sino la aplicación «inteligente» de la tableta. Tanto el alumno como el maestro pasan a ocupar lugares secundarios (2015: 86).

Pero ¿por qué ocurre eso? Sin duda, porque esas tecnologías están basadas en los mismos algoritmos de fidelización que las redes sociales y los videojuegos más ingeniosos, más adictivos. Son Oxycontin pedagógico, y generalmente fallido, es decir, opiáceos fracasados, porque afuera hay estímulos mucho más potentes que las plataformas «educativas». En Internet, el consumidor no *elige* prácticamente nada, sino que recorre los caminos que le van sugiriendo, a través de técnicas conductistas muy depuradas. Los productos buscan al usuario, y no al revés. Al final tendremos que concluir que las llamadas «pedagogías activas» donde realmente conducen es a la pasividad más preocupante, a que se consuman porno, series o apuestas deportivas en clase.

En la educación digital, ¿cuál era, por lo tanto, el objetivo? La respuesta la podría aportar la pura lógica: generar *estadísticas*, alimentar avatares y perfiles de usuarios, extraer datos comercializables, lanzarnos a la *minería* obligatoria para agentes terceros.

Lo que medimos con los nuevos *criterios* de evaluación son los niveles de adhesión, obediencia o moral de rebaño de nuestra futura población explotada, a la que obligamos a aceptar su papel subalterno, su misión sumisa. Si alguien osa no encajar o no adaptarse, lo enviamos al psicólogo. Si alguien fracasa o no quiere jugar es porque está *enfermo*. ¿Quién no querría jugar en su sano juicio? ¿Quién no quiere ser feliz? Mediante una treta hábil se nos indica «el valor del juego en el aprendizaje» para deslizar luego el juego que no lleva a ningún aprendizaje. Oponerse a ello desata las iras de los más convencidos y beatos. Sin embargo, señalar las virtudes del juego debería conducirnos también a valorar las virtudes del estudio y del trabajo desalienado. En otras palabras, el malestar docente crece porque *a los docentes se les está exigiendo que colaboren con una dictadura*, la dictadura financiera posilustrada y posdemocrática. Su posición es totalmente clave: el profesorado no puede pensar con autonomía y, desde luego, no puede sentirse dueño de sus clases y de sus currículos. Se le tiene que caricaturizar en todos los medios posibles como un privilegiado vago y profundamente egoísta, enemigo de la felicidad y amigo de la violencia física y emocional.

En nuestras escuelas cualquier noción de estudio o estructura es una imposición «obsoleta» y dictatorial. Cuando lo más autoritario es obligar a jugar, porque resulta que la escolarización es *obligatoria*. Aquí se ilumina la parte más genial del relato de La Boétie, el detalle que nos explica que Ciro hizo publicar un decreto que *obligaba* a los lidios sometidos a ir al burdel y a la taberna. El problema no es tanto el juego como posible fuente de aprendizaje, sino la *obligatoriedad del juego*. He tenido que asistir a cursos de *formación* para personal doctor que investigaba en universidades donde se nos obligaba a jugar con patinetes, pelotitas y se nos integraba a través de gincanas y crucigramas.

Nos encontramos en una sociedad que nos domina a través de una serie de bagatelas tecnológicas. Nuestros *lobbies* empresariales no abren burdeles en nuestras calles, pero sí nos tienen hipnotizados con chorros de pornografía a dos clics. Lo que han capturado nuestros Ciros es algo mucho más valioso que un rey, han hecho prisioneros a nuestro erotismo y a nuestra racionalidad. El tema de la pornografía viene a las mil maravillas para ilustrar el tipo de desenfoque en que fundamentamos nuestros bizantinismos: en las redes se despellejarán los detractores y partidarios (hipócritamente, claro, porque todo el mundo acepta el porno o lo defiende sin consumirlo irresponsablemente), cuando la cuestión no es binaria. La pregunta correcta, en todo caso, sería: ¿Qué uso hace el dispositivo de dominación del porno? ¿Por qué hemos *consentido* en aceptar un régimen político que secuestra nuestra atención y nos incapacita para juzgar de un modo analítico?

En otras palabras, ¿por qué *obedecemos* ciegamente a la banca y a cinco gigantes empresariales? ¿No parece raro que nuestra soberanía la ejerza una minoría tan exigua?

Parece que en la Europa actual hablar con naturalidad de las relaciones de poder, como hacían Foucault o Fisher, sea un tema tabú. Para cada cuestión pública tenemos la secta del sí y la secta del no; la secta del «ya veremos» o «escuchemos a los expertos» ha sido desterrada de nuestros espectros de visibilidad.

Nuestros tesoros culturales están hoy en el calabozo de los siglos condenados por currículos antipedagógicos que consideran elitista educarse como ciudadanos plenos. La neopedagogía, encarnada en la LOMLOE de la forma más descarnada, ha conseguido convencernos de que la ignorancia es un valor deseable, de que la moral del esclavo es el camino más rápido para la emancipación, de que la razón democrática es nuestra enemiga y de que el dogma nos libera de la penosa tarea de tener que pensar o ponernos a organizar las estrategias de futuro para los próximos treinta años. Nuestros dispositivos de dominación nos dan masticado nuestro futuro, nuestro no-futuro ya previsto, medido y comercializado. Nuestros Ciros ya saben o creen saber lo que vamos a hacer desde hoy hasta que nos muramos: qué viajes nos gustan, a qué conciertos iremos, si nos gustan más las series que el cine iraní, o si preferimos la pizza al sushi. Incluso nos ordenan el objeto y los métodos de nuestros *activismos*.

Las reformas educativas europeas sancionan el pillaje neoliberal y consolidarán los estamentos sociales de mañana mismo. Y nos parece perfecto, aplaudimos a rabiar. Hacemos como que nos escandalizan algunas cuestiones secundarias en unas redes que desactivan los límites a los poderes absolutos en las democracias. ¿Quién se cree ya la épica libertaria de los multimillonarios que hacen y deshacen por encima de la ley? ¿Realmente hay alguien con dos dedos de frente que se crea esa poesía redentorista y milenarista con que se disfraza hoy la dominación emocapitalista? Tiene razón Žižek cuando nos acusa de desear y mantener el autoengaño de la democracia plena. Un Occidente que acepta campos de concentración en la UE, que urde planes de clasificación estamental de su población a través de su escuela pública, que se niega a reconocer que veinte años de pedagogías competenciales han hundido el academicismo y la cultura alfabética en toda Europa, que lanza a los cuatro vientos una Primavera Pedagógica totalmente grotesca, tendría que abrir los ojos ya. Alguien que sostiene que la vuelta a la oralidad medieval es una opción de futuro es un extremista o un botarate.

Hace quinientos años un escritor joven ya había detectado estas tretas y astucias del poder político:

> Los teatros, los juegos, las farsas, los espectáculos, los gladiadores, las bestias extrañas, las medallas, los cuadros y otras bagatelas semejantes fueron para los pueblos antiguos los cebos de la servidumbre, el precio de su libertad, los instrumentos de la tiranía. Este medio, esta práctica, estas seducciones utilizaban los antiguos tiranos para adormecer a sus súbditos bajo el yugo. Así, los pueblos, atontados, encontrando bellos estos pasatiempos, distraídos por el vano placer que les pasaba ante los ojos, se acostumbraron a servir tan neciamente como los niños pequeños (2019: 43).

Ya La Boétie, doscientos años antes que Kant, se había dado cuenta de que la autonomía personal y colectiva era una cuestión de *mayoría de edad*, de madurez racional, hoy proscrita.

Todos nosotros identificaremos rápidamente con qué bagatelas y jueguecitos nos roban nuestros derechos, nuestro tiempo y nuestro dinero. Por eso hoy la cultura es un entretenimiento, los viajes un trayecto *obligatorio*, languidecen los suplementos culturales que ya casi nadie lee, o que interesa que ya nadie lea; por eso se nos miente cada día cuando nos dicen que el libro ha muerto, que ya nadie es capaz de leer un libro, que no podemos crear grandes obras ni obtener grandes placeres, que todo es prosa insufrible menos lo ligero y superficial. Todo lo que interrumpe el flujo de productos basura ha de ser considerado *aburrido, obsoleto* y condenado al destierro. Por eso es necesario que todos nos sometamos a la neolengua de la adhesión a grandes causas que son farsas o humo, para que todo continúe igual, en el saco de los mismos amos.

Al texto genial y auroral de La Boétie se le puede hacer, sin embargo, una observación, para encajar mejor sus enseñanzas con la Europa actual derrotada por la dictadura financiera: hoy no nos dirigen y someten príncipes aislados, cada uno en su feudo, reinado o republiquilla, sino un colectivo más o menos abstracto de corporaciones, un entramado de empresas que utilizan las agencias de valoración económicas para imponer ideologías de derecha estamental desreguladora. La respuesta para esta cuestión hay que irla a buscar a Aristóteles: el poder que nos impide desarrollarnos como democracias es una *oligarquía*, un poder difuso entre una minoría que lo dirige prácticamente todo, y por supuesto mete mano en la educación de todas las naciones de nuestro entorno. Es lo que explica que tanto Francia como Reino Unido, Alemania, Finlandia y Suecia se sometan alegremente a la falsa pedagogía competencial, que no es más que el dispositivo burocrático explosivo que ha volatilizado las funciones primordiales de nuestras universidades y centros educativos de secundaria.

Lo ha analizado bien Claude Lefort en su ensayo sobre La Boétie:

Descubrimos [...] que el amo no es un hombre. Poco importa su apariencia; en cualquier caso basta para la operación de encantamiento. Así, el príncipe desaparece ante el tirano, el tirano ante el homúnculo, el homúnculo ante el Uno que surge de su nombre. El nombre de Uno no es el nombre de alguno: todo amo está prendido a él (2019: 106).

Combatimos una dictadura abstracta, un «sentido común» naturalizado y disciplinado en torno a una serie de dispositivos tecnológicos y económicos. Nuestro Amo es una burocracia, no un tirano concreto. Obedecemos a ideas que encarnan personajes que aparecen disfrazados, danzando o comiendo cacahuetes en nuestras redes sociales. Se hacen series, documentales y películas sobre esos nuevos faraones en chándal. Nos fascinan igual que a los súbditos del antiguo imperio español les fascinaba una idea de Monarquía Universal abstracta. Servimos a palabras, conceptos y dispositivos, no a personas concretas, por mucho que nos fascinen sus payasadas calculadas. Y lo que es más grave: hemos consentido en cambiar una herramienta diseñada para la emancipación humana en un instrumento de sumisión moral y crudamente laboral, sustituyendo los objetivos de la Ilustración por la empleabilidad y las competencias clasificatorias de la utilidad humana.

Intentando responder a la pregunta crucial de si en los sistemas europeos se ha bajado el nivel de exigencia, Franco Berardi explica la anécdota de los dos Vladimires. Lo primero que hay que señalar es que el pensador italiano lleva ejer-

ciendo la docencia desde mucho antes del desplome de la
URSS y del bloque oriental, y que buena parte de su trayectoria la ha desempeñado en escuelas para adultos. El caso
real es el siguiente:

> En una clase conocí a dos hombres moldavos llamados ambos
> Vladimir, y les hice cinco o seis preguntas sobre aconteci-
> mientos históricos, novelas populares y figuras muy conoci-
> das, como Napoleón, Lenin y Jesús. El viejo Vladimir, que
> tenía 42 años, contestó todas mis preguntas sin dudar y de
> forma correcta. El joven Vladimir, que tenía 19 años y se ha-
> bía formado en los años posteriores al colapso del sistema
> educativo soviético, no pudo responder una sola pregunta, ni
> siquiera: «¿Cuántos años hace que nació Jesús?». La catástrofe
> educativa postsoviética, que no es una excepción sino la ma-
> nifestación extrema de una tendencia general, se resumía a la
> perfección en el desempeño de ambos Vladimires (2021: 21).

Yo mismo tengo una anécdota complementaria, prácticamente idéntica, pero aún más alarmante. Hace unos años
compartí centro educativo con una compañera psicóloga
que era ejemplar en su empeño de responsable de orientación educativa. Un día, desayunando, me contó algo sobre
lo que he ido dando vueltas una y otra vez. Mi compañera
tenía dos hijos, una hija de trece años y un hijo de nueve. La
mayor mostraba una gran capacidad de comprensión del
mundo, se aburría en clase cuando se hacían proyectos y sus
notas eran excelentes. El menor no solo no había logrado

asumir los saberes básicos propios de la primaria (leer, escribir, rudimentos de aritmética), sino que además necesitaba asistencia psiquiátrica constante para poder encauzar su bienestar emocional y lograr que aprendiera, aun con grandes dificultades.

Mi compañera estaba perpleja. Su testimonio lo he visto repetido siendo tutor de grupos de secundaria a través del relato de las familias que tenían dos hijos, uno adolescente y otro aún en la niñez. El desplome de los aprendizajes que se está produciendo en estos precisos momentos es devastador, no solo por motivos académicos, debidos a la falta de un currículo racional y una evaluación posible; además, el problema va más allá. Todo el mundo parece haber naturalizado el crecimiento insensato de los diagnósticos de depresión. No haber sido educado en un mundo tan complejo como el nuestro deja al ser humano en una posición de indefensión total. Digámoslo de otro modo: el dominio neoliberal no resulta sano, hace que nuestro alumnado *enferme*. La cuestión educativa no es de segunda fila en una democracia, no solo es un problema estrictamente académico: la antipedagogía impuesta por la dictadura financiera produce ansiedad, genera suicidios, deja al sujeto inmaduro inerme ante las dificultades de la vida. Sin referentes sólidos, sin estructuras de escucha mutua e intercomprensión, la persona humana se desmorona. En un contexto transhumano de individualidades interconectadas, vigiladas, controladas, previstas, mercantilizadas, la vida no ofrece horizonte alguno. Lo dijo Kant, lo recordó Adela Cortina en 1986: no hay ética posible sin la consideración del concepto *persona*. Si somos mercancía, si nuestro cuerpo y nuestra mente *son* mercancía, no nos sentimos bien. Y los fármacos que nos venden son una cara más del pillaje que nos desertiza y hunde: lean sobre la crisis de los opiáceos en Estados Unidos, lean sobre el consumo de ansiolíticos en España, lean sobre el fenómeno inquietante de los *hikikomoris* en Japón: personas que se aíslan en sus casas sin hacer absolutamente nada porque sienten que no encajan en los convencionalismos de la vida pública. ¿Quién sino las empresas moldearon esa vida pública?

A mi modo de ver, el problema de si «el nivel» baja o no encubre una cuestión mucho más inquietante: ¿Por qué una ley nos obliga no ya a bajar o no el nivel, sino a seleccionar quién es digno de transmisión académica y quién no? Es decir, lo grave es que a los ricos se les pueda enseñar y a los pobres no, por decirlo de un modo esquemático. Recordemos una vieja definición de soberanía recuperada por Walter Benjamin de los clásicos filosóficos: «Soberano es aquel que señala la excepción». La ley no se preocupa de la segregación escolar, y la razón es obvia: la población general no debe recibir una instrucción humanística, a la inmensa mayoría solo se les ha de proporcionar conocimientos prácticos, solo aquello que pueda ser útil en subempleos basura. Naturalmente, la excepción será la elite económica, que será educada en centros aparte con contenidos científico-técnicos y cultura general.

El conflicto con los docentes transmitivistas está servido: los que consideran que la «excepción» han de ser precisamente los pobres, los que no tendrán dónde educarse y dónde emanciparse del tecnofeudalismo se convierten en fervientes partidarios de la reforma, abrazan la coerción burocrática con los ojos cerrados. ¿Quiénes tendrán derechos a museos en lugar de simulacros de museos? ¿Quiénes podrán ser músicos, astronautas, actores, estrellas de cine, jueces, escritores, ingenieros? El docente demócrata responde «Todos»; el neopedagogo, «Nadie», porque en su demagogia reaccionaria considera que la cultura es un recurso elitista al servicio del malvado sistema, mientras la realidad concede los dones de la libertad y la racionalidad únicamente a un puñado de elegidos entre los más pudientes. El neopedagogo afirma que los saberes clave se encuentran en la «vida» (cuando los docentes en activo saben que la miseria pulveriza esas vidas). Y cuando hay que reconstruir las «vidas» de los «vulnerables», los falsos progresistas se fijan únicamente en el ocio o el juego: «Hay que dejar que los niños sean niños». Pero ya hemos hablado también sobre este engaño: en realidad ni siquiera dejamos que los niños jueguen en paz, sino que los «entretenemos», a través de dispositivos de guiado conductual.

La pregunta, entonces, es: ¿dónde aprenden a luchar por el acceso a la cultura esos niños abandonados a las bagatelas y los simulacros? Los monopolios *big tech* pulverizan los estados del bienestar y los sustituyen por sucedáneos claramente insatisfactorios. ¿Por qué se trata al alumnado pobre como ganado que ha de ir al matadero tras una vida de fascinación y placeres? ¿De dónde procede la religión falsamente infantocéntrica, y por qué ha surgido precisamente ahora, cuando la hegemonía mercantil exigía masas desinformadas que se distraigan en lugar de estudiar y evocar sus conocimientos relacionándolos entre sí? ¿No es sospechoso que se intente erradicar la lectura de libros cuando lo que resulta más lucrativo es que nuestro alumnado deje huellas en la red *desde un sistema educativo obligatorio*? ¿Por qué no enseñamos a pensar y a emanciparse a los vulnerables, en lugar de convertirlos en ciberproletariado, ganado estabulado en inmensas granjas de datos?

«Al pensar el lenguaje pensamos ya lo político libres de la ilusión del Uno», ha escrito Claude Lefort. Por eso a los falsos libertarios les da tanto miedo que los docentes *hablen* entre ellos, desactiven los dispositivos de control burocrático y empiecen a organizarse para remodelar las condiciones en que se desempeña la soberanía educativa dentro de las aulas. La ficción de la unanimidad es un mito fácil de destruir. Un modo eficaz de combatir la alienación antiescolar hoy oficial consiste en rechazar las bagatelas infantilizadoras y continuar educando para la emancipación crítica, es decir, seguir pensando sobre las trampas de los discursos y neolenguas de dominio, de tapadillo, en clase. El juego es un gran aliado de la educación en las primeras fases del aprendizaje, pero la *obligatoriedad del juego* es un dispositivo de control social muy poderoso. A los poderes que dependen del consumo les interesan especialmente unos adultos menores de edad que se pasen la vida jugando. Sin embargo, las clases conversadas son mucho más apreciadas por el alumnado que la enésima sesión de juego animado e hiperactivo. De hecho, la alienación cansa más pronto de lo que creen los defensores del pillaje competencial.

Mientras, en España continuamos anclados en discusiones ridículas, procedentes de las controversias de 1990, basadas, a su vez, en problemas de 1970. No sabemos ver el giro neoliberal, no hemos comprendido que la digitalización es una forma de saqueo y no una promesa de emancipación. Continuamos soñando con el Paraíso perdido de la democracia plena. Antes la subyugaba un militar, ahora una patronal agresiva que ha tomado el control de las políticas educativas. Es lo que explica que en Francia la pedagogía de izquierdas esté intentando recuperar la soberanía curricular desde la dimensión municipal. Continuamos peleando como en la Transición, situando nuestros fantasmas del tardofranquismo en la esfera pública, como si no hubiera ocurrido nada en medio siglo.

Y claro que ha ocurrido: ha irrumpido con fuerza el poder financiero supraestatal, que trabaja contra nosotros sin que acertemos a darnos cuenta de qué está pasando, con la esperanza de que una de las dos Españas nos saque del atolladero. Exactamente igual que en 1750. Esa discusión es la famosa del «nivel». Cuando alguien pone el grito en el cielo por la endeblez académica de nuestro tramo obligatorio, esa persona es acusada inmediatamente de estar insultando a los jóvenes. Cuando de lo que se trata es de observar qué está ocurriendo realmente en las aulas. Y como España no es una entelequia independiente del mundo, no es ajena a los procesos globales:

Los datos sobre el acceso a la educación superior hablan de un declive lento pero firme en los índices educativos; sin embargo, esos datos muestran solo el volumen y no la calidad de la educación de las nuevas generaciones de seres humanos. La calidad de la educación ciertamente ha cambiado, para mejor o para peor, en los últimos treinta años, ya que el giro neoliberal ha sacudido la estructura y las funciones del sistema educativo y ha reconfigurado las motivaciones culturales y las expectativas psicológicas de los estudiantes en el mundo entero (Berardi, 2019: 21).

Sin embargo, en España aún no nos hemos enterado de que el progresismo más dinámico ha cambiado de bando en el campo tecnológico:

En efecto, la segunda mitad de la década de 2010 estuvo marcada por un incipiente abandono de la fascinación hacia ciertos aspectos de la innovación tecnológica. Antes se insistía en el carácter aparentemente emancipador y democrático de las redes sociales en las primaveras árabes; sin embargo, en la segunda mitad de la década, se levantó el velo acerca del papel de la tecnología y de las redes sociales en la fuerte polarización social y política de los ciudadanos o en la manipulación electoral (2021: 11).

En este estado de ingenuidad aparente, ¿qué ha pesado más, la desinformación o los intereses inconfesables? En Occidente hace una década que se le ha quitado la máscara a la reconversión digital: aquí aún avanzamos babeando hacia ella, cuando los demás están intentado volver al principio de realidad o detener las catástrofes resultantes. La revisión crítica de la digitalización aún está dando sus primeros pasos en nuestro país.

¿Por qué nadie mide los resultados de las sucesivas reformas? ¿Y por qué, cuando lo hacen desde fuera, se disimula o se desvirtúa la idoneidad de esas pruebas exteriores? ¿Por qué se aprueban decretos que perjudican a nuestro alumnado y volatilizan sus oportunidades de futuro? La respuesta no puede ser más simple: porque nuestras administraciones no pueden admitir que están decretando la deseducación adrede, aunque la LOMLOE sí lo haga, disfrazando burdamente la desmovilización cognitiva de «equidad».

7.
El contexto digital

Para orientarnos en el mundo digitalizado, para saber realmente qué está ocurriendo en Europa y nuestro país, más allá de la fachada de la política, disponemos ya de abundante literatura. Solo una sociedad que consume ensayo analítico puede ser libre, porque si manejamos los trabajos de Evgeny Morozov, por ejemplo, o los libros de Marta Peirano, comprendemos mucho mejor por qué se ha impulsado la «innovación» educativa de una forma tan radical y acrítica, y por qué se ha asociado tan dogmáticamente al consumo obligatorio de herramientas tecnológicas privadas. El lector me perdonará que en esta sección en concreto hable poco de educación, y utilice citas demasiado largas, pero pienso que si perdemos de vista el panorama internacional no podemos enfocar correctamente nuestras preguntas, puesto que no podemos ver lo que de verdad se oculta detrás de las disputas meramente metodológicas.

Evgeny Morozov colabora desde hace mucho tiempo con los periódicos *The New York Times*, *The Wall Street*

Journal, Financial Times, The Economist, The Guardian, The New Yorker, Corriere de la Sera, El País o *Frankfurter Allgemeine Zeitung*, entre otros. Aunque en España su nombre no suene tanto como debería, se trata de uno de los más reputados analistas de las implicaciones políticas y sociales de la tecnología. En su libro *Capitalismo Big Tech. ¿Welfare o neofeudalismo digital?* (2018) traza los rasgos principales de la transición a la economía digitalizada. En su opinión,

las esperanzas en una revolución digital estructuralmente transformadora, las cuales están profundamente arraigadas, son compartidas por todo el espectro político. En la izquierda hay personas como Paul Mason que piensan que la digitalización no solo alimentaría una nueva clase de identidad política-cosmopolita en los ciudadanos, sino que también fomentaría distintos modelos económicos, flexibles y descentralizados, lo que en el futuro permitiría un orden socialista no determinado que subsanaría los inconvenientes de la planificación central. En el centro —un segmento en el que se ubican muchos grupos ecologistas— hay quienes, como Jeremy Rifkin, creen que la aparición del «Internet de las cosas» promoverá la aparición de productos y servicios producidos a un coste marginal cero, lo que alterará de forma considerable la economía de los acuerdos comerciales y señalará el comienzo de un futuro más descentralizado, humano y amigable con el medio ambiente. Y en la derecha libertaria pospolítica hay individuos como Ray Kurzweil y Peter Diamandis, impulsores de la Singularity University, que consideran que las tecnologías digitales afectarán de manera radical a muchos sectores económicos ahora mismo estancados, desde el educativo al sanitario, no solo mediante la creación de nuevos modelos de negocio, sino también al redefinir entretanto instituciones viejas y anticuadas, como el estado del bienestar.

La digitalización masiva y ultrarrápida es una excelente carta de presentación para cualquier político que quiera proporcionarse una imagen progresista, tanto si forma parte de un partido o plataforma de derecha liberal o de izquierda republicana o socialdemócrata. Los candidatos alocados o anarcocapitalistas, seductores y aparentemente «antisistema», mezcla de bufón cínico y *broker* oracular, han tenido ya cierta trayectoria en nuestro país, pero no han terminado de cuajar en la cúspide del poder. El tiempo dirá si España se ahorra un período bochornoso de bolsonarismo o si consigue encauzar algún tipo de política realmente distributiva.

De momento, está fracasando estrepitosamente a la hora de construir una propuesta educativa convincente, porque en lugar de imaginarla ha presentado como verdades científicas los mantras propagandísticos de las multinacionales *big tech*. Presentar la digitalización como una «revolución» que trasciende y supera las antiguas formas de jerarquía social, pulverizando los anquilosados esquemas de conocimiento anteriores, resulta de un atractivo casi irresistible. Sin embargo, Morozov demuestra en sus textos cómo esta «revolución» es en realidad una mutación de las jerarquías anteriores a la crisis de 2008 para que la estructura social del mundo continúe inalterada. Es decir, que en caso de estar nosotros realmente impulsando una revolución, esta tendría un sentido mucho más ultraconservador que progresista. Para utilizar parámetros hispánicos, la tecnocracia digitalista tendría más que ver con Antonio Maura, Miguel Primo de Rivera o el desarrollismo opusdeísta que con cualquier otra forma de reforma social.

Morozov no tenía ninguna duda de que el objetivo de la conversión digital era un giro lampedusiano destinado a consolidar los dispositivos de dominio más retrógrados:

> En este ensayo sostengo que, aunque el auge del sector *big tech* ha logrado de hecho mantener la economía global a flote sin provocar transformaciones políticas sistémicas —permitiendo a las élites globales «comprar tiempo», según la llamativa expresión de Wolfgang Streeck—, es mucho más probable que, a largo plazo, lo único que haga su crecimiento sea multiplicar las contradicciones del sistema actual y hacer que muchos de sus elementos, relaciones y prácticas se vuelvan aún más jerárquicos y centralizados (2018: 15).

Dicho de otro modo, el gran cambio hacia la digitalización forzada es un cambio para que no haya cambio, una maniobra hacia el inmovilismo político, un giro capitalista lampedusiano. De hecho, lo que se está produciendo *realmente* en el escenario político económico de Occidente es más viejo que el tebeo: no estamos asistiendo a otra cosa que no sea una *concentración de capitales* de manual, que ha encontrado una vía para lucrarse con las arcas públicas. Lo sorprendente es que no comparezca ninguna izquierda sensata que ponga freno y sentido común a este proceso.

Todo esto es importante para nosotros a la hora de tratar de entender a qué estamos jugando realmente cuando impulsamos, de forma totalmente irresponsable y provinciana, la digitalización draconiana de nuestras aulas, porque detrás de toda la propaganda oficial y de las promesas de un gran futuro libérrimo y próspero no hay más que la perpetuación de un orden estamental y profundamente desigual. El cortoplacismo de nuestra clase política ha hecho posible que una gran operación de sometimiento social se esté produciendo ahora mismo en nuestro país, entre aplausos y la práctica unanimidad de los agentes políticos.

Morozov lo ha descrito con palabras exactas:

El capitalismo digital contemporáneo, impulsado por un sofisticado sistema de recopilación de datos en tiempo real, un proceso que hoy en día comienza desde la guardería, tiene los medios perfectos para apostar por el capital humano —es decir, las personas— y separar sus activos más prometedores (merecedores de cuidados y alimentación) de los poco productivos (que son, por lo general, un lastre para el engranaje). Desde la perspectiva del capitalismo digital, la economía del conocimiento puede ser algo maravilloso, pero hay demasiadas personas improductivas como para que pueda despegar y conducir a una prosperidad duradera; la crisis global del capitalismo —ya se presente como un «estancamiento secular» o un mal funcionamiento estructural aún más profundo, quizás letal— tampoco inspira confianza. El espíritu igualitario, en la medida en que sustentaba el compromiso socialdemócrata del estado del bienestar —con sus postulados de solidaridad, anonimato y equidad—, es un lastre para la clasificación social y la inevitable jerarquización, necesarias para que la economía del conocimiento quede libre de las cadenas humanas que la ataron desde sus comienzos (2018: 29).

Dicho de otro modo, nuestro capitalismo está luchando para independizarse de todo obstáculo ético, para clasificar a nuestra población entre individuos sobrantes que no aportan a la economía del conocimiento y sujetos que sí merecerán sobrevivir y sentir que realizan su proyecto vital. Cuando se da credibilidad a una filosofía poshumana, ruego que se reflexione sobre este objetivo principal del semiocapitalismo digital. Cuando se recomienda y se aplaude que se interne a nuestro alumnado (al pobre, no al rico, que gozará de lujos como buenos libros y docentes informados y oradores) en plataformas digitales que sustituyen o reelaboran la realidad, piénsese en qué se está haciendo realmente. Los críticos de la meritocracia no han aclarado que el fracaso de la meritocracia, en realidad, es el *éxito de la oligarquía*, y que no puede haber democracia sin una meritocracia bien engrasada y eficaz. De lo contrario, caminamos a pasos agigantados hacia una alternativa inquietante: el puro y simple feudalismo. Trabajos miserables y ocio basura para la mayoría subalterna, a quien hemos privado de herramientas de análisis social, y una cúspide educada para la reproducción de su propia jerarquía.

Así es como Morozov describe el proceso actual de remodelación social (y el lector nos perdonará otra cita larga):

> Tal vez, aquellos que están en la cúspide de la nueva jerarquía social —los que producen datos de alta calidad o aportan ideas innovadoras a la «economía del conocimiento»— podría formar parte del nuevo acuerdo social, el nuevo New Deal, lo que sería mucho menos emancipador que en el pasado, sobre todo porque, en paralelo al despliegue de la agenda de una renta básica para unos pocos, veremos una intensificación del rentismo en el resto de la economía; así, una gran parte del dinero cedido a los ciudadanos acabaría volviendo al sector corporativo en forma de bienes y servicios básicos (2018: 32).

Para entenderlo podemos fijarnos en la estructura social de la Antigua Grecia: los logros intelectuales de la inteligencia griega se reservaron para los varones libres, mientras que las mujeres y los esclavos recibieron otro trato distinto (y semioculto) en la distribución «democrática». La hipótesis de Morozov es que cuando las multinacionales hayan conseguido sustituir el estado del bienestar por la combinatoria de información propia de la sociedad digitalizada, es decir, el capitalismo de plataformas, solo lograrán una vida digna aquellos ciudadanos capaces de proporcionar innovación y datos de alto precio a las multinacionales.

Para el resto, ¿qué destino les espera? Las leyes no habrán cambiado sustancialmente, pero los miembros de la nueva clase subalterna (inmensamente mayoritaria, pavorosamente extensa) solo tendrán derecho a acceder a servicios públicos si los pueden pagar a empresas privadas. Por eso las multinacionales quieren generar un *ciberproletariado* subalimentado a través de Rentas Básicas Universales. Otra cuestión es cómo han de financiar esas rentas unos Estados que sufren monopolios de corporaciones que no tributan nunca lo que deberían. Esta clase pasiva *generada por la escuela competencial* pasaría su vida, forzosamente, ejerciendo los empleos más cercanos a la pura y simple servidumbre, o serían reducidos a rentistas dependientes del Estado:

Pero, ¿qué pasa con los que están en la parte inferior de la pirámide social y a los que, probablemente, no se incluirá en el nuevo acuerdo? A este respecto, la solución no está clara. Desde los años setenta, Estados Unidos ha abordado esta cuestión con una solución bien simple: encarcelar cada vez a más personas, mayoritariamente de baja extracción social y, por lo general, afroamericanos y latinos. Los costes de esta estrategia han sido exorbitantes, pero al menos el país se ha beneficiado de una gran cantidad de mano de obra barata, casi gratuita, empleada en prisión. No está claro si dicha lógica económica —cualquiera que sea la política— seguiría siendo válida en la era de la IA. La solución más fácil consistiría en hacer que las clases tecnofilantrópicas mundiales se ocupasen de los pobres y excluidos y encontrasen soluciones nuevas, innovadoras y en última instancia particulares para sus problemas. Una de estas propuestas, lanzada por un empresario de alto perfil tecnológico y partidario fanático de Trump, es dotar a estos desdichados de unos cascos de realidad virtual para que, a un precio relativamente barato, experimenten felicidad y un éxtasis virtual durante todo el día (2018: 33).

Les pediría que releyeran el pasaje anterior para comparar estas reflexiones tan crudas con la realidad del cambio educativo actualmente en curso en nuestro país y en general en toda Europa. ¿Acaso no hemos sido bombardeados cada día con una Escuela del Ser, una Escuela de la Felicidad, y con presupuestos para adquirir toda clase de materiales de realidad virtual y cibernética, procedentes de las autoridades educativas? Esa Escuela del Ser, con todos los atributos de la más sofisticada distopía *happycrática*, y copiada literalmente de las *comprehensive schools* fundadas por Margaret Thatcher, no son exactamente las cárceles para minorías étnicas que confinaron a la población declarada sobrante en EE. UU., pero empiezan a parecérseles.

¿Nos damos cuenta realmente de *para qué ha de servir realmente toda esa faramalla retrotecnológica*? Las empresas venden baratijas a las administraciones para que estas puedan mantener su apariencia de preocupación social. En realidad, en unos tres años ninguno de esos trastos funciona ya, se acumulan como chatarra inservible en los armarios y estantes de los institutos. De hecho, en trasteros y aulas polvorientas, es posible seguir la arqueología retrotecnológica de las promesas del pasado, a través de la observación de los diversos cacharros que allí se acumulan, si es que han logrado sobrevivir a las limpiezas y desalojos de *basura digital* periódicos, a través de las décadas. Está por escribir la *historia retrotecnológica* de las utopías educativas españolas.

¿Somos tan cínicos como para pensar que todos estos productos, adquiridos con dinero público, sirven para que los alumnos pobres aprendan más? Hay que decir basta a tanta hipocresía. Encaremos la verdad: consentimos en inundar nuestras escuelas públicas de baratijas tecnológicas para eludir nuestra auténtica responsabilidad civil: crear o restaurar los servicios públicos imprescindibles, dirigidos por humanos y para humanos, con la *ayuda* de la tecnología, pero sin sus implicaciones en materia de tecnovigilancia y sin que se conviertan en opciones únicas y monopolistas. No vamos a educar a nuestras clases excluidas en el control digital y en la vivencia activa de la generación de contenidos: vamos a hundirla en centros de distracción para que formen parte de la clase más depauperada, deprimida, adicta y desesperada de nuestra sociedad. Es la razón por la cual en los centros de élite se seguirá educando mientras que en la escuela pública únicamente entretendremos a la población que los políticos consideran sobrante o problemática.

Los programas de «hibridación» (esto es: enviar al alumnado a casa para que se conecte a unos determinados contenidos educativos) es una pura y simple aberración, tan inmoral como el diseño actual de la escuela como un aparcamiento de menores donde se han de producir *distracciones* divertidas que generen datos comercializables. La digitalización no es progresista, insistamos en ello:

> Silicon Valley está lanzando un ataque contra la propia filosofía socialdemócrata, esto es, contra el hecho de que las normas y regulaciones de la flexibilidad del mercado puedan ser establecidas por gobiernos y corporaciones municipales (Morozov, 2018: 98).

Los políticos liberales y socialdemócratas abrazan el solucionismo digital con entusiasmo porque les permite seguir simulando que defienden los derechos de los trabajadores y las minorías, cuando lo que realmente están haciendo es consolidar una nueva sociedad caracterizada por los privilegios de la minoría dirigente:

> En la medida en que el poscapitalismo está surgiendo del debilitamiento de la protección social y de las normativas sectoriales, nuestras definiciones podrían ser más claras: si Silicon Valley representa un cambio hacia algo, probablemente sea hacia el precapitalismo (2018: 99).

El problema más grave que tienen ahora mismo esos políticos irresponsables y sus palmeros son, precisamente, los docentes socialdemócratas, anarquistas clásicos, democristianos y liberales humanistas: todos aquellos reductos de moralidad pública que se avergüenzan de la deriva poshumanista actual. Por eso les urge mucho silenciarlos o presentarlos como monstruosos fascistas, enemigos de los derechos humanos y de todo progreso, enfermos de soberbia, nostalgia y rencor.

Pero los antiguos derechos civiles serán ya opciones de compra, cada vez más caras. No hay suficientes plazas públicas de Formación Profesional, con lo que el acceso al empleo queda brutalmente privatizado y capitalizado. Esto se sabe desde hace décadas, pero nadie acierta a solucionarlo. Cada vez más familias, horrorizadas porque sus hijos no saben apenas nada, han de invertir en la formación básica que en teoría financian con sus impuestos, mientras que precisamente ese dinero público va a parar a las arcas de quienes más ganan y más se resisten a tributar allí de donde extraen su mercancía básica: los datos. Los políticos han abandonado al alumnado mayoritario a la intemperie, la precariedad y la desprotección que caracterizaban al Antiguo Régimen. Los antiguos derechos civiles se han convertido en privilegios de una casta que copará toda la *visibilidad* posible.

Los desposeídos no solo carecerán de acceso a la sanidad y a la educación, sino que además su miseria se volverá *invisible*, inoportuna, poco elegante y nada edificante desde el punto de vista de la psicología positiva. Se va a culpar a los pobres de su propia miseria, mientras que sus depresiones serán reducidas a una cuestión de *química*. La sociedad no habrá tenido nada que ver con la violencia creciente ni la ansiedad intolerable. Es más, de hecho el objetivo parece ser que *adoren* a esos mismos monopolistas y figuras del espectáculo que los desposeen y alienan. ¡Y a los docentes se nos pide que cambiemos los ejemplos de científicas y escritoras por *youtubers* y creadores de contenido idiótico! De hecho, todos conocemos a personas que preparan minuciosamente su *apariencia de prosperidad* en las redes mientras sabemos perfectamente que esa persona sufre infortunios diversos, e incluso ha caído en la desesperación o la dependencia farmacológica.

Y, de un modo análogo, ¿acaso no se destinan casi todos los esfuerzos humanos a la imagen que proporcionan las escuelas y centros docentes? Los guetos dejan de ser combatidos, sencillamente desaparecen detrás de disfraces y discursos cosméticos. Las webs institucionales de los colegios e institutos se convierten en escaparates maravillosos, trufados de tópicos y de eslóganes sectarios manidos: la realidad ha dejado de importar en la gran competencia por el alumnado en que se ha convertido la gestión escolar. Las fotos, las redes y los blogs son los encargados de certificar la *apariencia de educación* que unas estadísticas trucadas se encargan de completar.

Por lo tanto, el primer paso que deberíamos dar consistiría en dejar de considerar la digitalización como un *proceso emancipador* para empezar a pensar en ella como lo que de verdad es: un proceso de *reconversión económica*. Hemos transformado nuestra escuela en un campo de batalla entre el transmisivismo cultural y la absoluta sumisión a los ideales futuristas de la gran secta empresarial californiana. El conflicto no es *metodológico*, entre innovadores y tradicionales: el fondo es mucho más inquietante. La lucha actual tiene mucho más que ver con la necropolítica neoliberal, y se dirime entre quienes consideran que las escuelas han de ser básicamente academias, y quienes sustentan que las escuelas se han de reconvertir en centros que sustituyen a las desaparecidas redes de asistencia social, redirigidas hacia aplicaciones tecnológicas. La salida sensata debería pasar por la restauración (o la fundación, allí donde nunca hubieran existido) de las redes asistenciales y sanitarias universales, que una escuela digitalizada no puede asumir, lo queramos o no.

En nuestros centros públicos, hemos cambiado la lectura de Homero por los videojuegos y la estimulación dopamínica. Hemos cambiado el acceso a la ciencia por el profesorado obligado a poner cánulas, vacunar, realizar tareas de psicología y psiquiatría y producción masiva de *apps* y datos que comercializan grandes empresas que no tributan lo que deberían. Los derechos fundamentales desaparecen y los ha de asumir una hiperescuela que ni siquiera cuenta con una conectividad necesaria ni un personal mínimamente estable. Es la cruda realidad del pedagogismo competencial: el alumno pobre no ha de saber apenas leer ni redactar, no ha de consumir cultura y se le ha de hacer ver que nada en felicidad y en emociones positivas. Se le debe *obligar* a mostrarse conforme con la estructura social heredada, es decir, impuesta. Se le han de poner las gafas de realidad virtual o ampliada obligatoriamente, urgentemente, antes de que empiece a darse cuenta de lo que sucede en su barrio y se ponga a pensar.

Obviamente todo esto fracasará y acabaremos como Francia, con ira y fuego en las calles. El ludismo irá en aumento y la violencia sexual contra las mujeres irá también en aumento. El resultado de no educar no es una Arcadia paradisíaca de «buenos salvajes» en plena armonía con su sociedad y la naturaleza: las consecuencias de no educar conducen a la reproducción acelerada de los valores predatorios dentro de los centros educativos, y su posterior extensión sin freno en el mundo adulto. Las consecuencias de no educar pasan por el éxito incontestado del capitalismo libidinal en su versión más violenta y devastadora. Si no empezamos a reorganizarnos en torno al sentido común civil, en torno a valores de dignificación humana a través de una educación universal y de calidad, resultará imposible sacudirse de encima el gran parásito de las multinacionales sobre nuestras administraciones y nuestras propias vidas. La gran mentira digital ya ha hecho demasiado daño.

El alumnocentrismo oculta un gran desprecio por la dignidad humana y las necesidades reales de nuestros jóvenes, porque los reduce a una clase pasiva, a un mero problema administrativo: «Nuestro nuevo estado de bienestar corporativo, con las compañías tecnológicas a la cabeza, no trata a los ciudadanos como clientes, sino únicamente como centros de costes que hay que minimizar» (Morozov, 2018: 105). ¡No irán a gastarse nuestros gobiernos más recursos de los estrictamente necesarios para el futuro de personas que ya han sido declaradas sobrantes! Es la razón por la cual nuestros políticos no entiendan que los problemas educativos no solo *permanezcan*, sino que además se agraven: ¡si ya han pagado (ya *hemos* pagado) para que otros se ocupen de todo ello! La crisis actual del sistema educativo es postsolucionista: la implantación del monopolio extractivo, vendido como una panacea de libertad civil, ha arrasado las aulas. La «hiperaula» era en realidad el atrio para la banalización final de las funciones educativas.

Si nos pasamos algunos meses leyendo literatura progresista europea reciente, pronto llegamos a la conclusión de que las ideas de progreso giran en torno a dos conceptos: acortamiento de la jornada laboral y desmercantilización del ocio humano. Las multinacionales *big tech* han conseguido que les proporcionemos materia prima comerciable durante todo el día, cada día todos los días, incluso cuando deberíamos estar estudiando y formándonos, incluso cuando nos apetece jugar, pasear, leer, amar, viajar, escribir un poema o un relato o practicar sexo. Como ha escrito el ensayista español Diego Hidalgo, no tenemos manera de apretar el botón de *off*. El botón de *off* debería estar instalado en la puerta de entrada de todas nuestras escuelas. En nuestras escuelas, deberíamos enseñar autodefensa social, derechos de desconexión y análisis histórico. En clase, además de instruir en pensamiento riguroso y de revisitar los clásicos, deberíamos poder reflexionar sobre lo que son el *precariado*, el *cognitariado* y el *ciberproletariado*. Lo que contienen nuestros currículos competenciales no es más que una mezcolanza de emodominio, obediencia digital y sumisión antiteorética.

Diego Hidalgo ha encontrado el equilibrio entre la actitud ludita y la mera irreflexión, a la vez que señala cómo actúa la presión contra los docentes críticos, acusados de ser tecnófobos:

> Salvar el botón *off* no supone un ataque al botón *on*. Se trata de subrayar la vulnerabilidad del ser humano cuando resulta difícil limitar el alcance de lo digital, sea por su «liquidez», por los intereses que nos empujan a permanecer conectados constantemente o por una mezcla de las dos causas (2021: 45).

Cuando la tecnología digital es «sólida», según Hidalgo, podemos encenderla y apagarla; cuando se vuelve «líquida» empieza a invadir nuestro espacio y se convierte en una herramienta esencial para la minería indiscriminada de datos; en un estadio avanzado, la «tecnología gaseosa» ya ha sustituido las instituciones de discusión pública para convertirse en la base de políticas totalitarias. Un uso racional de lo digital pasaría por su limitación a usos controlados por el usuario. Si aplicamos este esquema al ámbito educativo, los peligros afloran rápidamente: en lugar de servir para aprender sobre tecnología, programación y aplicaciones, haber trasladado todas las actividades de clase a plataformas privadas convierte la digitalización escolar en un proceso «licuante»; si el Estado o las corporaciones utilizan la información escolar para tareas de tecnovigilancia, ya habríamos entrado peligrosamente en el ámbito gaseoso, el espacio en el que la intrusión digital no se puede limitar ni detener.

Lo que no podemos continuar haciendo es mirar hacia otro lado como hasta ahora:

Ya hemos visto que los ciclos que provoca la hiperconexión hacen sufrir al cerebro, que nunca baja la guardia, especialmente a causa de la secreción de hormonas ligadas al estrés, y todo el cuerpo lo acusa. La cultura digital pretende evitar cualquier momento que parezca improductivo y nos incita a atender las solicitudes constantes del aparato que siempre llevamos encima (Hidalgo, 2021: 45).

¿Por qué precisamente la escuela tendría que agravar el problema proporcionando más solicitudes distractivas? ¿No debería centrarse en otros asuntos quizás menos populares pero mucho más trascendentales, como la alfabetización plena o la construcción de una ciudadanía informada y crítica?

Más malas noticias. Hidalgo confirma todas las direcciones apuntadas por Morozov. Por ejemplo, el efecto que la digitalización tiene sobre nuestra vida cotidiana, sus estragos directos:

(1) la tendencia a la supresión de nuestra vida interior y la modificación de nuestro modo de pensar; (2) la externalización de algunas de nuestras facultades a las máquinas y el proceso de desaprendizaje que supone; (3) la dificultad creciente para sentir satisfacción en un entorno que nos habitúa a la inmediatez; (4) la intensificación de la presión social; y (5) el

debilitamiento del vínculo social y de instituciones que estructuran nuestra vida común (2021: 51-52).

Y más adelante:

El dato más impactante se refiere a la sensación de soledad de los adolescentes, que se disparó a partir de 2007: en varios años aumentó casi el 50%, hasta alcanzar niveles nunca observados. Las tendencias asombran por su uniformidad, pues son las mismas con independencia del nivel de ingresos, el origen o el lugar de residencia. En solo tres años, de 2012 a 2015, las tasas de depresión aumentaron un 21% entre los chicos y un 50% entre las chicas. Si consideramos el caso extremo del suicidio, entre 2007 y 2015 se triplican los casos en las chicas y se duplican los casos en los chicos. Puede que la tecnología no sea la única causa del incremento de suicidios, teniendo en cuenta que su prevalencia era mayor en los años noventa que ahora. Sin embargo, en el momento actual se diagnostican muchos más casos de depresión, y el número de estadounidenses que toman antidepresivos se ha multiplicado por cuatro (Hidalgo, 2021: 65).

Mires donde mires, lo que es evidente emerge con total nitidez:

¿Qué decir, por ejemplo, del impacto específico de la tecnología en el sueño? Entre 1991 y 2015, el número de adolescentes estadounidenses que no dormían lo necesario aumentó en un 57 %, y si ponemos la lupa sobre los años más recientes, la cifra de quienes dormían menos de siete horas por noche aumentó un 27 % entre 2012 y 2015, periodo en el que la tasa de adopción de *smartphones* se disparó (Hidalgo, 2021: 69).

Todo esto me parece estremecedor, y lo peor es que no percibo reacción civil significativa. Lo más habitual es la respuesta inercial, el negacionismo, o el mero papanatismo dogmático. Podemos mirar hacia otro lado o tratar de imaginar alternativas a estos destrozos. Digitalizar la escuela no hace más que intensificar estos efectos adversos, convirtiéndolos en irreversibles e incidiendo también directamente sobre el funcionamiento interno de las instituciones educativas y, lo que es mucho más importante, sobre la salud del alumnado. Las escuelas se estarían convirtiendo, a día de hoy, en instituciones para desaprender, agravar la soledad individualista e instalar sin apelación el modo de vida superficial e hiperconsumista, ansiógeno e insano, que necesita el capitalismo libidinal para consolidarse definitivamente.

El problema, pues, no es tanto la tecnología como la hiperconexión; igual que con el problema del porno consumido por niños y menores: el problema no es, obviamente, el sexo, sino la adicción a la violencia; que se presenten como «porno» lo que son delitos graves de pederastia monstruosa y *snuff movies* con asesinatos, cadáveres y violencia contra la mujer. Para mantener el flujo de tráfico y el secuestro general de la atención, el Autómata genera y pone en movimiento materiales cada vez más extremos, cada vez más deshumanizados. El problema no es la innovación, sino la sumisión del alumnado. Un proceso de sometimiento y embotamiento que también ha sido descrito con precisión:

> Ya se trate de la memoria, la orientación o cualquier otro aprendizaje, la investigación en psicología insiste en la necesidad de que el ser humano ejerza un rol activo a fin de transformar la información percibida en verdadero conocimiento y habilidad interiorizada. Si el ser humano se limita al rol del observador pasivo y no hace otra cosa que aplicar aquello que la máquina le dicta, renuncia a su espíritu crítico y sus facultades comienzan a erosionarse (Hidalgo, 2021: 57).

En la actualidad, ya hemos comprobado que las llamadas «pedagogías activas» en realidad no son lo que anuncian, sino que son «pedagogismo pasivo»; es decir, lo que comúnmente se llama «facilismo». Una propuesta que, llevada al extremo, se basa únicamente en la deserción y el abandono. La pura y simple inercia y aceptación acrítica del «currículo oculto» del capitalismo libidinal. La conclusión es, pues, inquietante: la digitalización es un antitiempo para aprender, una rendición al tiempo póstumo, el que resta, del que nos habla Marina Garcés en sus escritos políticos. Enviando a nuestros hijos a escuelas digitalizadas los hundimos en ansiedad y antididactismo merced a intereses totalmente extraacadémicos. La antiescuela digital *low cost* fabrica analfabetismo al servicio de las corporaciones *big tech* que controlan cada vez más parcelas de nuestras vidas y nuestro mundo.

Únicamente comprendiendo la filosofía empresarial de los cinco gigantes *big tech* podremos deshacer la perplejidad que producen las reformas y revoluciones competenciales europeas aliadas con ellas:

> En opinión de Morozov —sigue Hidalgo— uno de los aspectos preocupantes de estas tecnologías radica en la hipótesis implícita según la cual sus creadores saben cómo deberíamos comportarnos. En segundo lugar, la pérdida de autonomía por el uso de las tecnologías *smart* podría sumir al ser humano en la anomia. Con un camino trazado de antemano ya no cometería errores y equivocaciones de los que arrepentirnos, aunque tampoco aprenderíamos nada (2021: 138).

En el Nuevo Paradigma, lo único que cuenta es guiar al alumnado hacia su comportamiento ideal, el comportamiento que encaje perfectamente en el papel asignado para la población sobrante: creación y producción de datos; aceptación del propio papel subalterno, recompensado a través de premios dopamínicos. No hay nada que aprender porque no hay que apartarse del camino ideal, el camino *optimizado* hacia la completa *felicidad*. De hecho, aprender cosas resultaría dañino, un obstáculo para la realización del cambio deseable y previsto.

Los efectos adversos de la inmersión acrítica en el mundo digitalizado son, como decíamos, bien conocidos:

La neuroplasticidad —explica Hidalgo— puede apresar al hombre en comportamientos rígidos, puesto que las sinapsis que se activan para conectar nuestras neuronas nos infunden el deseo de seguir utilizando esos circuitos recién formados, mientras que aquellos que ya no usamos corren el peligro de caer en el abandono. En el caso de Internet, cuanto más nos acostumbráramos a ojear información con rapidez y a saltar sin cesar de un contenido a otro, más ávido de este tipo de pensamientos se volverá nuestro cerebro (2021: 53).

Y algo más adelante:

El sometimiento de nuestra mente a esta hiperactividad cerebral en detrimento de la atención profunda o la introspección se manifiesta en «el desarrollo de comportamientos casi instintivos impuestos por las teclas de las máquinas», señala el filósofo Michel Blay, y en la formación de «consumidores con comportamientos casi automatizados, impuestos por la red de máquinas y pantallas convertidas en su entorno vital». Sin embargo, es gracias a la profundidad de la mente y a la capacidad de mantener la atención que somos susceptibles de construir nuestra libertad, nuestra búsqueda de la felicidad y una relación profunda con los demás (2021: 54).

Por lo tanto, nuestros problemas educativos no son propiamente educativos, sino el resultado de una reconversión vital y económica gigantesca, que precisa de la transformación profunda de nuestras escuelas: de centros educativos se han de transformar en entornos vitales capitalizados, centros de enganche y reclutamiento digital, antesalas para la conformación de una clase subalterna e hiperestimulada de productores de datos. La página impresa sería, según Hidalgo, un «escudo contra la distracción», y por eso los libros y las bibliotecas son los principales enemigos de los comerciales poseducativos, más conocidos por el nombre de «gurús».

Por no hablar de los problemas políticos, ya que nadie parece preocupado por el hecho de que una serie de tics autoritarios estén empezando a impregnar nuestro sistema educativo:

> Un mundo en el que fuera imposible desconectarse a voluntad y en el que todos estuviéramos conectados a la misma red, englobando todas las facetas de nuestra vida, parece sentar las bases de cierto totalitarismo. Más adelante veremos que el hecho de no poder o no saber cómo escapar de la tecnología digital contribuye a que las personas se encierren y aumente su aislamiento, facilitando su control por parte de fuerzas externas, sean empresas o Estados (Hidalgo, 2021: 49).

Los proveedores se han lanzado como buitres sobre la escuela pública por una razón obvia: al ser *obligatoria* la educación hasta los dieciséis años, pueden disponer de la conexión y los datos de millones de niños y adolescentes de manera indirectamente *obligada*. Hemos entregado nuestra escuela a estos negocios sin escrúpulos, sin presentar objeciones, sin exigir evidencias pedagógicas, sin preguntar demasiado. Sinceramente, yo no puedo explicarme semejante ingenuidad.

Así pues, ¿estamos construyendo una escuela para la igualdad o estamos consolidando una distopía totalitaria? Si no es la escuela la que promueve el derecho a la desconexión y las virtudes de ser reflexivo, ¿quién lo hará? Porque una buena parte de los docentes han sido convertidos en agentes activos para la extensión de una alienación social poderosísima, a cambio de pequeños privilegios: cargos, visibilidad, aceptación comunitaria, apoyo entre los directivos de los centros... Los beneficios de la restricción digital han sido sobradamente demostrados:

> Un estudio de 2018 puso de relieve que la calidad del sueño, la capacidad de concentración, el bienestar general y las relaciones con los demás mejoraban apenas una semana después de que los participantes en el experimento dejaran el móvil fuera del dormitorio, restringiendo así su uso durante las últimas horas de la tarde y la noche. Las personas que establecían esa barrera con su *smartphone* reducían su nivel general de ansiedad y tenían la sensación de más tiempo libre y ser menos dependientes del móvil (Hidalgo, 2021: 46).

Conservar el botón *off* es más importante de lo que parece, y sabiéndolo, ¿por qué no dejar fuera de las aulas, y fuera de los centros educativos, esa herramienta adictiva que convierte la clase en un hervidero de *ciberbullying* devastador, las sesiones de lengua o matemáticas en visionados de fútbol o porno, y los chats de las plataformas educativas en canales de distribución de motes, insultos y chantajes? Podemos educar en los usos activos de la tecnología digital, la programación y los procesos creativos, en lugar de arruinar un currículo útil y provechoso por un simple dogma de semiocapitalismo agresivo. Podemos valernos de una escuela con contenidos modernizados que no haya caído en el puro y simple expolio material y cultural.

De lo contrario,

la externalización, acompañada por el desaprendizaje, nos hace dependientes de la tecnología para llevar a cabo tareas que ya no somos capaces de ejecutar solos. Si la máquina falla o el sistema cae, nos vemos en dificultades para retomar nuestra actividad igual que antes. Esa externalización nos vuelve más frágiles y vulnerables (Hidalgo, 2021: 58).

8.
Desdigitalización
y transmisivismo

La desdigitalización me parece el punto central que debería incorporar una agenda de izquierdas sensata. Pero no para luchar contra ella desde un punto de vista ludita o antimaquinario, que solo puede ser beneficioso puntualmente y a corto plazo (aun así, estimo preferible una reacción ludita que una inmersión en una dictadura basada en la tecnovigilancia). Al fin y al cabo, ¿se podía luchar contra *la Edad Media*, el *Neolítico* o la *reconversión industrial*? Esta es la época en que nos ha tocado vivir, nos guste o no. No tiene ningún sentido luchar contra una época, o contra un hecho social global. Lo que sí podemos hacer es transformar nuestro análisis en una alternativa viable, es decir, una escapatoria racional, alguna forma de equilibrio que nos ahorre una buena cantidad de *sufrimiento*.

Ellos tienen todo el poder, y nosotros no tenemos nada. Solo tenemos palabras: libros, tizas, lápices, sillas, mesas, poemas, relatos, dramas y teorías... Tenemos capacidad de diálogo. No es poca cosa, pero nos la están arrancando. Tenemos palabras, tenemos legados, tenemos la posibilidad de leer experiencias que pueden guiarnos, porque no somos seres humanos recién aterrizados en esta sociedad tan áspera. Leer tiene el sentido de no sentirnos solos y no confundir el progresismo con la iconoclastia transhumanista. El mundo de la educación ahora mismo tiene un reto fundamental: entrenar a todo el alumnado en la supervivencia en un durísimo contexto de economía digitalizada. Y esto no se consigue erradicando el estudio y los contenidos científicos (pero solo para el alumnado de clase media y baja), sino fomentándolos. El mejor entrenamiento para la nueva situación es la mente experta, la información relacionada y significativa, alejada de los centros de internamiento llenos de trampas distractivas en que estamos convirtiendo nuestros centros públicos. La visión crítica, la invitación al pensamiento responsable y adulto, que mira los problemas de frente y no simula falsas redenciones religiosas, debe volver al centro de la discusión pública y pedagógica.

Gregorio Luri ha escrito con preocupación sobre las distracciones escolares. El fragmento que reproduciremos pertenece a su libro *El deber moral de ser inteligente*, y concretamente a su capítulo «En defensa de una innovación crítica», y dice lo siguiente:

Controla las fuentes de dispersión de la atención en todo el centro. Podemos llamarlas *fugas de energía*. Me refiero a todos aquellos problemas cotidianos que, sin ser ninguno de ellos muy relevante por separado, en conjunto consumen una gran cantidad de energía (2018: 149).

Estas «fugas de energía» existen. El neurobiólogo especializado en temas educativos Héctor Ruiz Martín, director de la International Science Teaching Foundation, describió un ejemplo concreto de utilización distractiva de tecnología en el aula:

> Si se aprende aquello sobre lo que se piensa, entonces hay algo sobre lo que debemos tener en cuenta cuando diseñamos actividades de aprendizaje: ¿sobre qué pensarán más tiempo nuestros alumnos cuando las realicen? Con frecuencia diseñamos actividades sin reparar en esto. Por ejemplo, en mis primeros años como docente, propuse a mis alumnos crear presentaciones de PowerPoint para explicar al resto de la clase la existencia de los grupos sanguíneos, su base biológica y sus implicaciones en las donaciones de sangre. No me di cuenta hasta que fue tarde que mis alumnos dedicaron apenas unos minutos a buscar y copiar la información de Internet, y que en cambio se pasaron horas diseñando las presentaciones, buscando imágenes impactantes y añadiendo efectos, animaciones, transiciones y filigranas varias en cada diapositiva. Sin duda aprendieron mucho sobre PowerPoint y muy poco sobre los grupos sanguíneos, tal como mis preguntas durante las exposiciones revelaron fácilmente. Si mi objetivo hubiera sido que aprendieran a manejar el PowerPoint me congratularía, pero no era el caso (2020: 59).

Ruiz olvida mencionar un detalle importante: en el currículo actual se valora extraordinariamente saber utilizar Power-

Point (lo cual es relativamente deseable, no lo negamos), pero no da prácticamente valor a los contenidos científicos, a lo que hemos de aprender para ser ciudadanos con una cultura media aceptable. El pedagogismo competencial ha borrado los objetivos de la educación, para sustituirlos por la mera adaptabilidad laboral, a la que llaman «empleabilidad». En contraste, la opinión científica de Ruiz se da de bruces con la serie de tópicos encadenados que solemos encontrar en los documentos oficiales y propedéuticos, por la sencilla razón de que Ruiz, estemos de acuerdo con él o no, *sí se ha molestado* en reflexionar sobre experimentos contrastados:

> El diseño de la actividad deberá garantizar que los alumnos dediquen más tiempo a pensar sobre los objetivos de aprendizaje, de una manera análoga a cómo posteriormente los evaluaremos, y no tanto a perderse con detalles superfluos que solo pretenden dar contexto o estructura a una actividad.

Una buena didáctica, por lo tanto, responde a una cuestión de *prioridades*: ¿deseamos que nuestro alumnado integre una serie de *competencias básicas* de un primitivismo que hiela la sangre, o deseamos que nuestro alumnado pobre sepa analizar, interpretar, comparar fuentes y opiniones, definir y construir pensamiento complejo y teorético, utilizando adecuadamente su memoria de trabajo? El pedagogismo competencial ha invertido todas las prioridades de una escuela sana, y ha colocado al entretenimiento banal en el centro de toda la comunidad educativa para residualizar la vida de las mayorías sociales en Occidente.

Es evidente que hay miles de usos interesantes y útiles para el aprendizaje en las herramientas tecnológicas. Pero no podemos disfrutar de sus ventajas cuando se han convertido en dispositivos de dominio, cuando hemos permitido que se apoderen de todo el resto de los recursos didácticos siguiendo una lógica feudal y comercial, en ningún caso propiamente pedagógica. La primera reacción sana ante esa invasión debería pasar por el desenmascaramiento de toda esa operación política, y luego la construcción de una pedagogía para la utilización *activa* de esas tecnologías, frenando los efectos nocivos y los diseños orientados al sometimiento.

Y como no ha de haber contenidos propiamente dichos en este Nuevo Paradigma, se impide que existan especialistas dentro del aula que puedan servir de ejemplos para generar mentes expertas. El solucionismo pedagogista ha encontrado un filón de oro en los llamados «ámbitos educativos», el subterfugio que permite a los políticos matar dos pájaros de un mismo tiro: en primer lugar, colocando al profesor de francés a impartir Historia, y el de Historia a impartir francés, se desentiende de la formación y captación de especialistas, porque dejan de ser necesarios; y en segundo lugar, les permite anunciarse como visionarios geniales que trabajan intensamente por una educación multidisciplinar e innovadora. En realidad, toda esta propaganda lo que encubre es una gran afición a las chapuzas rápidas y un gran desprecio del alumnado, que tiene derecho a una educación de calidad y no al simulacro presente.

Sin embargo, en realidad, solo puede ser «multidisciplinar» quien domina varias disciplinas, no quien no domina ni siquiera media. Vivimos en una época adicta a los sucedáneos, obsesionada con cerrarle el paso al alumnado pobre a cualquier tipo de empleo digno o acceso a la gobernabilidad. En el fondo, siempre llegamos a la misma estación: saber cosas no es importante, ya que evaluamos a partir de juicios ideológicos y subjetividades emocionales. Como en las dictaduras, vaya.

Este camino hacia la escuela académica y racional no es fácil ni breve, sino largo, costoso y caro. El solucionismo competencial ya disimula a duras penas su verdadero objetivo: la apariencia de bienestar, la ficción de un progreso. Educar no es una colección de momentos estimulantes, sino un proceso de crecimiento de conceptos vinculados a través de redes abstractas que configuran teorías útiles, ricas y basadas en los saberes heredados. Solo utilizaremos las nuevas herramientas en beneficio nuestro y no en beneficio intruso a través de una educación sólida y una autodisciplina muy desarrollada, porque todo lo que dejemos de imaginar será pensado a pesar nuestro y contra nuestras decisiones vitales.

Nuestras sexualidades, nuestros aprendizajes, no son opciones de compra, son *derechos*. En cuanto a la Inteligencia Artificial, la gran última panacea educativa del solucionismo pseudolibertario, los textos de Morozov también son totalmente elocuentes de lo que nos espera:

Desde la educación hasta las medidas de seguridad, pasando por el uso de la energía o los servicios bancarios, industrias enteras y múltiples ámbitos sociales se verán transformados por la IA. Y, puesto que sus últimos avances están ligados a a) grandes y valiosas cantidades de datos extraídos y b) millones de personas que instruyen al sistema para que sea más inteligente al tiempo que se ocupa de otras cosas, es evidente que los únicos actores capaces de liderar estas transformaciones son las grandes empresas tecnológicas. El nuevo modelo está claro: las *big tech* se apoderarán del recurso o servicio más valioso del momento (la IA) y el resto de la sociedad y de la economía debe encontrar la forma de introducirlo en sus actividades, a través de esas empresas y bajo las condiciones que estas quieran imponer (2018: 22-23).

Por lo tanto, la actitud civilmente inteligente no ha de ser la del tópico binario («¿IA sí o IA no?»), sino que ha de contar con la *inevitable* agresión invasiva de esta herramienta: el poder no ha de escapar de las personas, no ha de recaer, o lo ha de hacer de forma mínima, en los propietarios de la IA, mientras aprendemos a edificar santuarios de interacciones humanas autogestionadas. En este sentido me parece fundamental el concepto de *soberanía de aula*: las aulas han de estar controladas por adultos ilustrados, enemigos de cualquier pensamiento único, como lo son el transhumanismo, el futurismo cosmista en manos de millonarios y la torpeza sectaria de los defensores de la deserción oficial.

¿Por qué insisto en el carácter *ilustrado* del docente transmisivista? Una pregunta fácil de responder: el revolucionarismo pedagogista adopta con mucha frecuencia el aspecto de una auténtica *secta*, y es un *integrismo*, dotado de una increíble biblioteca de argumentos agresivos, culpabilizadores, cíclicos, tópicos y ultradefensivos. Aunque resulta relativamente fácil desvelar (o desenmascarar) lo que está detrás de la neolengua pedagogista, a veces cuesta rescatar a personas que sufren de una determinada y muy característica *neurosis*: porque lo que ven cada día en sus centros de trabajo es totalmente *opuesto* a lo que le ordenan que vea e interprete desde que fue formado en la Madraza digital. Una vez más, Morozov tiene la respuesta a este problema que es la religión civil digitalizadora:

> Como toda buena secta, estas empresas nos prometen llenar nuestras vidas de sentido al aprovechar nuestra búsqueda interior de solidaridad y pertenencia. Cuando presentan a sus adversarios como enemigos de la innovación que quieren destruir a esa nueva y anómala clase de empresarios, las empresas tecnológicas juegan la sempiterna carta de la persecución y alientan temores de conspiración —por parte de gobiernos, sindicatos y grandes corporaciones— para suprimir toda idea desestabilizadora (2018: 118).

Es lo que se hace con el adversario político: reducirlo a un monstruo antediluviano y fascista, a una caricatura de persona deshumanizada y llena de rencor, una semipersona que se niega a abrazar el positivismo porque hace demasiadas preguntas. Los sindicatos son todos asambleas de vagos y aguafiestas, y las ideologías deconstructivas mutan rápidamente a populismos que exigen la desregulación laboral inmediata.

Nuestra utilización y disfrute de la tecnología, por lo tanto, no debería implicar nuestra *sumisión* política ni ideológica. Y, ¿qué es lo que hace un ciudadano en su mayoría de edad? Fundamentalmente, preguntar.

¿Dónde queda aquí el alumnocentrismo de las leyes competenciales? El objetivo es manipular a la población. Resulta vergonzoso que se convierta la escuela pública, la única institución que trabajaba realmente para que quedara algún atisbo de igualdad en la posdemocracia-mercado, en una granja de producción de datos y de interacciones destinadas a perfeccionar un producto tecnológico monopolista. La escuela no ha de servir para eso; en todo caso, lo que ha de hacer es entrenar al alumnado para desenvolverse en el nuevo laberinto productivo, de una forma activa y no pasiva. Mi hipótesis es la siguiente: no se puede realmente vivir con autonomía en la nueva economía digital sin haber recibido una formación altamente científica y humanística, puesto que los únicos puestos y servicios decentes se reservarán a quienes ofrezcan un plus de creatividad. El alumnado sin oportunidades será sumergido en un océano de banalidad, distracciones y miseria material. La digitalización ofrecerá pan y toros y OxyContin pedagógico, es decir, basura barata y rápida para prevenir descontento, a toda la población declarada subalterna: y serán los centros públicos los encargados de realizar esa selección social terriblemente clasista.

El resultado concreto de sumergir al alumnado en un entorno digitalizado no puede arrojar resultados de aprendizaje:

La tecnología contribuye a reducir el carácter excepcional de numerosas experiencias, por lo que nos vuelve más apáticos. Hoy, un niño al que le apetece escuchar una canción concreta no entiende que no esté disponible, puesto que todo debería estar al alcance de la mano en todo momento. Este menú infinito y siempre disponible genera una especie de monotonía de lo excepcional, es decir, que aquello que antes se vivía como una fiesta o un momento especial queda ahora banalizado (Hidalgo, 2021: 60).

Esto es lo que ocurriría en las hiperaulas: el alumnado se aburriría soberanamente, utilizaría el maquinario para buscar contenidos cada vez más extremistas, cada vez más estimulantes, burlándose de los objetivos de la sesión escolar. Las hiperaulas se convertirían rápidamente en espacio para la *frustración*. El alumnado (y buena parte del profesorado, no nos engañemos) no puede comprender que, también dentro del aula, no pueda o no deba acceder al menú infinito de entretenimiento que le puede prestar un *smartphone* o una tableta. El resultado de este nuevo «sentido común» lo conocemos todos: alumnado mirando series con el ordenador escolar, profesorado chateando en clase, la distracción infinita. El infinito aburrimiento. O, mejor dicho, *embotamiento*. Lo que ha ocurrido es que cinco empresas han conseguido convertir la civilización occidental en una sociedad yonqui.

Y todo esto ocurre mientras en toda la literatura educativa pública se lamenta de que aún no haya llegado la conectividad plena a todo el alumnado. Afinando un poco nuestra lente nos podemos dar cuenta de que la llamada «brecha digital» en realidad operaba al revés de lo que nos dictaba el nuevo «sentido común» capitalista: antes creíamos que recibía un peor servicio público el alumnado que carecía de conectividad, cuando en realidad es el alumnado con una conectividad plena el que está a punto de perder sus derechos básicos: por ejemplo, el derecho a una educación integral y de calidad, basada en las interacciones humanas y la comprensión de significados profundos. De una manera paradójica, las herramientas que diseñamos para mantenernos comunicados resulta que, en realidad, nos aíslan porque en lugar de dinamizar las interacciones humanas las han acabado sustituyendo por sucedáneos. Esta sustitución también ha tenido facetas políticas: a la democracia le ha sucedido un simulacro de pluralidad; a la educación como un derecho básico la ha sustituido una farsa de aprendizaje banalizado. Se trabaja intensamente para presentar la escuela académica como un dispositivo monstruoso en el que ejerce la opresión cotidiana un ejército de torturadores sádicos. Y este discurso extremista, lógicamente, va calando entre la población. El enemigo de todos sería el docente, no el pillo semimafioso y saqueador.

Lo que está ahora mismo sobre la mesa de Occidente es la cancelación de la figura del docente, sustituida por un monitor vigilante sin derechos laborales que se ha de pasear entre sujetos conectados para garantizar que no se producen pausas ni incidencias anormales.

Morozov lo ha expuesto con gran claridad:

¿Cómo se implementará este nuevo sistema y cómo enriquecerá a los ricos, los cuales, por supuesto, no necesitarán ningún ingreso básico y menos aún ninguna realidad virtual? Esto tiene su propia lógica perversa. En el pasado, privar a la gente de las necesidades básicas —alimentos, refugio, seguridad— solía tener efectos negativos en la actividad económica. El estado del bienestar se basaba en gran medida en esta lógica: se creía que estabilizar el capitalismo socializando el riesgo era el camino correcto. Hoy, sin embargo, la lógica es diferente, pues el entorno tecnológico ha cambiado tanto que, armados con las poderosas tecnologías digitales y después de haber interiorizado los principios clave de la ideología de autoayuda de Silicon Valley, altamente pragmática, los ciudadanos pueden ser bastante creativos a la hora de elaborar soluciones a sus problemas. Y, cuanto peor sean sus condiciones, más creativas pueden ser las soluciones; todo lo que se necesita para que este sistema se expanda y siga creciendo es que las empresas capturen este excedente innovador y lo rentabilicen. Si hubiese que resumir la sabiduría de esta era digital en una frase concisa, probablemente sería: «No esperes que el gobierno te ayude, construye tu propia aplicación». No importa que alguien, probablemente la empresa tecnológica que está detrás de la plataforma en que se construya, se beneficie de esa aplicación utilizándola de una manera que su creador jamás hubiera imaginado (2018: 34).

Estas impresiones encajan con lo que está sucediendo en nuestras ciudades: las mismas entidades bancarias que acaparan pisos y multiplican los desahucios son las mismas que impulsan machaconamente la educación emocional, el *diazepam* pedagógico. La economía «colaborativa» nos expulsa de nuestros barrios y concentra capital en unos pocos propietarios: y lo extraño es que lo aceptamos, que nos *resignamos*. Las propuestas *libertarias* y visionarias nos empobrecen, ¿cómo es posible? Ya no nos acordamos de lo que eran la socialdemocracia ni la democracia social, cada vez residualizamos más la vida de nuestros semejantes, y encima hacemos ver que *progresamos*. Naturalmente, este carnaval extractivo no tiene nada que ver con el anarquismo socialista. Se intenta convencer a los docentes de que el pragmatismo y la deriva competencial son los únicos dispositivos capaces de lograr la promoción social de los individuos: y los resultados son cada vez más alarmantes. Personas indefensas que no pueden redactar planes de empresa ni instancias, que escriben con dificultad y faltas de ortografía, sin gramática. Pedagogías condenatorias, despojantes, negativas, pusilánimes y culpabilizadoras, como todos los dispositivos de la doctrina neoliberal.

Ahora visualicemos cómo, con todas las cadenas de conocimiento rotas por el rousseaunismo hegemónico, alguien sin recursos podría «construirse su propia aplicación»: una escuela como la nuestra, que destierra las tablas de multiplicar, desemboca en una escuela en la que nadie sabe dividir, ni resolver polinomios ni ecuaciones... ¿Y ese ciudadano minorizado por un sistema educativo líquido ha de saber *programar?* *¿Quién* sabrá programar? Obviamente, quien controle el pensamiento abstracto y las lógicas formales y los logaritmos. Quien controla a Leibniz y a Ramón Llull, a Einstein y a Blas de Otero, tiene muchas más posibilidades de controlar su propia vida que alguien que no sabe nada porque nadie le ha enseñado nada, más allá de un puñado de estrategias adaptativas. Estamos humillando a nuestro alumnado necesitado, no ayudándolo. Parece una paradoja, pero quien dependa absolutamente de la calculadora y de las prótesis solucionistas, dependerá también mucho más del gobierno y no de sus propios logros.

Con la agravante de que esta nueva cultura digital, que nos envuelve lo queramos o no, genera una enorme cantidad de ansiedad y soledad. Por lo que también podríamos afirmar, ya que nos hemos puesto especulativos, que quien más necesite de realidades virtuales y de éxtasis de felicidad dependerá también más de ansiolíticos, opiáceos y aprobación pública artificial. Sin embargo, el ser humano es *social*. La felicidad no es exactamente siempre, o quizás no lo sea en absoluto, un éxtasis de emociones positivas, un chorro o *dopping* de dopamina. Conozco un barrio obrero en el que los vecinos y vecinas han organizado huertos urbanos, donde se organizan banquetes con productos propios y donde la gente se reúne a jugar al ping-pong, a charlar y a comentar libros de poesía o de pensamiento político. Cuando me ofrezco para hablar de sus experiencias, me piden que jamás rebele quiénes son ni dónde se ubican. Han conseguido *escapar*, por lo menos durante unas horas, de la omnipresencia digital, de la tecnovigilancia, de la rueda de hámster hiperproductiva. Han entendido *qué es descansar* y han aprendido que no debían perder su ser colectivo, el que *sí* proporciona una sensación sólida de felicidad. Con muy poco dinero compran sillas, mesas y herramientas de cultivo. Pasan los fines de semana entre tomateras, recogiendo calabazas enormes, mientras sus hijos corretean enfangados, patean un balón o se arrojan bolas de lodo. Allí nadie está pendiente del móvil, allí están pendientes de respirar y reír. Es digno de ver, un vecindario horaciano. Han entendido cuál es uno de los grandes lujos de la vida humana: leer, reunirse, conversar, observar, gustarse.

Aprenderíamos mucho más en un jardín con nuestras palabras y unos libros de Platón que con doscientos mil ordenadores, por la sencilla razón de que la información no es conocimiento.

¿Se entiende ahora por qué las autoridades políticas que se encargan de la educación están tan obsesionadas con la formación digital de los docentes, llamados a utilizar la IA y a programar propuestas digitales, utilizando almacenajes monopolistas, y generando los datos que son la primera materia de la principal industria mundial? No hay absolutamente nada neutro e inocente en el proceso actual de «cambio» educativo. El engranaje actual tiene mucho más que ver con el taylorismo que con el libertarismo humanitario.

Pasemos de una vez del mito al logos; caigámonos del guindo. Esta historia va de control político y de instauración de un monopolio absolutista, y no de pedagogía:

Con la concentración de IA —un intermediario que es probable que se acabe filtrando en todos los ámbitos de la vida y del
gobierno— en manos de unas pocas empresas privadas, en su
mayoría estadounidenses, es probable que asistamos a una inmensa pérdida de responsabilidad y control ciudadano sobre
áreas clave de la sociedad (Morozov, 2018: 25).

No hace falta decir que el control de la enseñanza pública
hace mucho tiempo que ha escapado del control ciudadano:
el *marketing* futurista ha actuado con una enorme eficacia,
silenciando cualquier atisbo de duda. Las cuestiones pedagógicas fueron reducidas a discusiones sobre la idoneidad de
un programa u otro, todos con idénticos soportes globales,
casi toda la formación obligatoria fue reducida a la introducción de los medios de producción unánimemente pres-
critos. Unos estudiantes de Magisterio me facilitan, bajo
mano, apuntes que reciben en sus cursos de capacitación: la
tendencia obligada parece ser el *ciberconstructivismo*, una
doctrina según la cual el alumno ha de ser capaz de fabricar-
se sus propios textos de referencia, elaborando blogs y mi-
crovideos de autoconsumo.

Pero ¿cómo va a hacer eso alguien que al final de la secundaria apenas sepa interpretar tres líneas de texto, o construir una sola frase completa o un solo párrafo coherente?
¿Dónde contrastará la información procedente de la red,
torpe cuando no manifiesta y hasta orgullosamente falaz?
¿Dónde podrán desarrollarse mentes expertas entre alumnado pobre, hoy condenado a la banalidad y el victimismo?

Los ministerios, facultades implicadas y consejerías de educación han actuado de intermediarios entre los propietarios de los viveros de datos (las multinacionales) y sus obreros inconscientes, el alumnado y el profesorado, que ahora mismo trabajan sin descanso para cebar el gran tocino digital.

9.
Reenfocando algunas preguntas

¿Por qué casi nadie se atreve a hablar en España del «giro neoliberal»? Porque se pondría en entredicho la labor «patriótica» de los partidos que se disputan el poder en el país. Sin embargo, de «patrióticos» tienen muy poco o nada, porque imitan modos de actuar y legislar procedentes de la extrema derecha antisistema de los años ochenta:

> La derecha de los EE. UU. y de la Gran Bretaña desarrollaron una estrategia que fue definida como populismo autoritario. Uno de sus primeros objetivos era conseguir el declive de las instituciones estatales y la reducción de las libertades obtenidas en el pasado; todo ello debidamente construido sobre un amplio consenso social (Carrera y Luque, 2016: 21).

Entender que ese populismo autoritario llegó a España en los años ochenta para consolidarse en los noventa implicaría desenmascarar a los brillantes sacerdotes de la psicología positiva que tanta esperanza nos traen. El socialismo se evaporó pronto en Europa:

> El socialista François Mitterrand fue uno de los adalides en los recortes del gasto público, como lo fueron el laborista Tony Blair en el Reino Unido, el socialdemócrata alemán Schroeder en Alemania o el socialista Felipe González en España (Carrera y Luque, 2016: 22).

Fue la época dorada de los *revolucionarios* educativos: Marchesi, Coll, Caivano:

> La LOGSE (1990) fue la primera ley española que acogió esos postulados e intentó implantarlos en todos los niveles educativos; muchas de estas concepciones perviven en las nuevas propuestas pedagógicas del aprendizaje por competencias (Carrera y Luque, 2016: 30).

Aunque la anterior gran ley de ordenación de la educación española, la LGE de Villar Palasí, ya había recibido el asesoramiento del Banco Mundial. Lo que observamos es cierta continuidad entre los intereses tecnocráticos de los referentes tardofranquistas y su relevo inspirado en las novedades neoliberales: en España se pasó de un dispositivo de control a otro con total naturalidad, y a aquello se le llamó «progreso» sin apelación posible a otro posible marco más racionalista y democratizador. Los críticos, los partidarios de un sector público sólido, igualitario y coherente, eran una pandilla de «apocalípticos», unos «aguafiestas», unos «fachas», y molestaban tanto o más de lo que sobran y molestan ahora. Es lo que explica que muchos docentes que procedían de la resistencia comunista durante el antifranquismo empezaran a ser señalados como insoportables «fascistas».

Intentó describir el «giro neoliberal» con todas sus implicaciones José Luis Villacañas, pero no veo que sus enseñanzas se apliquen bibliográficamente al mundo de la educación. Probémoslo nosotros sumándonos a la tarea solitaria de algunas individualidades. Lo primero que vemos cuando frecuentamos *Neoliberalismo como teología política* es que su diagnóstico es prácticamente idéntico al de Berardi:

La mentalidad posdisciplinaria, que rechazaba el considerado asfixiante Estado del Bienestar, fue así el caballo de Troya por el que se introdujo bajo el señuelo de libertad la disciplina todavía más exigente de racionalización formal jamás emprendida. Laval lo dice: el neoliberalismo fue «la respuesta de la derecha a las críticas de las disciplinas y del biopoder estatal llevadas a cabo por la izquierda pos-68» (2020: 71).

Villacañas acierta cuando describe el mundo del *rendimiento* que ha sustituido al de la *disciplina*. En el entorno neoliberal, solo se salva el *Homo economicus*, la versión extrema del *self made man*, el emprendedor, es decir, el ser humano que pone a la venta la totalidad de su tiempo y de su cuerpo, para no parar de trabajar recombinando información, en casa o en la oficina, sin dormir, sin comer, sin socializar. La vida misma del docente español empieza a parecerse a la de esos zombis laborales, enganchados a aplicativos absurdos sin ningún contacto con la realidad.

El modelo extremo (y ya grotesco) de este *Homo economicus* es el joven que entrega su vida a la fe del Bitcoin y se autoconvence de que vivirá una vida como la de los millonarios abandonando su hogar y trasladándose a un piso de conversos de las criptomonedas para alimentarse únicamente de pizzas y mensajes de estimulación de los gurús que adora.

Una escuela democrática debería alertar contra la alienación del *Homo economicus*, la devastación del absolutismo utilitario. ¿Y cómo se hace eso? Leyendo literatura, comentando poemas y cuadros y películas y teoremas, repensando propuestas de filósofos, conociendo las historias de los Estados y las Mentalidades: formando sin subterfugios ni trucos de prestidigitación. A la autodesertización del *Homo economicus* solo podemos oponerle la cultura humanística.

La presión extractiva explica que los llamados gurús educativos, la mayoría tras firmar contratos con multinacionales, puedan reconfigurar el significado de la profesión docente, ante la perplejidad y la impotencia de los mismos docentes, que no encuentran ningún tipo de plataforma o altavoz para mostrar la *realidad* precaria, violenta y burocratizada de las aulas. El ruido mediático es demasiado intenso en torno a los nuevos sacerdotes del *Homo economicus* en su versión pedagógica, y no se puede competir con ellos en unas cajas de resonancia marcadas y trucadas a favor de los falsos libertarios y los partidarios de la desregulación disruptiva. Y también por esta razón está empezando a haber también escasez de docentes: la distancia entre lo que les pide la sociedad tras el giro neoliberal y lo que realmente pueden llegar a hacer, atrapados en marañas burocráticas, es tan abismal que acaban siendo convencidos de que son unos seres inútiles y privilegiados que han de dejar paso a las nuevas visiones de la Humanidad, que no son otras que el programa ideológico de la dictadura financiera, es decir, la agenda del semiocapitalismo, la privatización y la mercantilización integral de la vida humana.

El profesorado es obligado a desprenderse de sus convicciones democráticas. La Nueva Educación es un entrenamiento para adaptarse a la nueva competencia entre *Homo economicus*:

> La mutua dependencia de economía y vida no cesará de intensificarse. De este modo, nos prepara para sus crisis y cierra la fuerza reflexiva respecto de la producción de modalidad y la emergencia de formas de afirmación de la subjetividad, ya sea bajo la forma mítica o bajo la forma de la teoría. Con ello aborta toda reemergencia de ciencias humanas y sociales en sentido clásico. Pero, sobre todo, bloquea toda novedad y transforma la historia, que de ser una posibilidad abierta, se nos presenta como una obligación evolutiva, una vía única (Villacañas, 2020: 184).

Aranguren, en 1985, exponía en *Ética y política* un problema que viene a cuento en este punto. El filósofo se dio cuenta de que las democracias no podían fosilizarse en proyectos estáticos deudores de una sola promesa. Cuando la neopedagogía nos propone revolucionar el mundo entero, y nos obliga a realizar una Gran Transformación, nos propone un Nuevo Paradigma estático, presentado como un mundo coherente y errado en sí mismo, definitivamente perfecto en su engranaje social, donde cualquier problema ha sido resuelto a través de un diseño visionario de la escuela. Este modelo, obviamente propagandístico, tiene dos funciones: desactivar los debates sobre la realidad y cerrar el futuro en torno a la vida totalmente tecnomercantilizada.

Para Aranguren, las democracias son *caminos*, construcciones dinámicas y flexibles, capaces de evolucionar a través de la razón ética, y cualquier proyecto totalizador es un obstáculo para la libre concurrencia moral. En el mundo resultante de las reformas educativas posteriores a 1999, «el mejor adaptado no es ahora seleccionado por la carga biológica sino por el implante del mejor *Homo economicus* en sí» (Villacañas, 2020: 185). Hemos reducido nuestra escuela a un entrenamiento para el capitalismo actual, estrechando salvajemente el contenido de la vida democrática a la esfera de la economía de la información. El papel de la escuela era precisamente el contrario.

Continúa Villacañas: «La sociedad civil más individualista y estrechamente libre se entregó a la disciplina económica más férrea. [...] La imaginación que tanto se celebró, se plegó masivamente a lo que podía imaginar el mercado» (2020: 71-72). Técnicamente, ya no hay en sí mismo un sistema educativo, sino una *oferta de opciones de adquisición de competencias*, cuyo importe no es precisamente moderado. Según los propagandistas de la Buena Nueva competencial, nuestros estudiantes

> quieren saber de forma inmediata cómo funcionan las cosas, pero no quieren aprenderlas porque eso implica un esfuerzo que no están dispuestos a sostener. Se reduce el conocimiento a una acumulación de «saber hacer». El aprendizaje se convierte en la suma de competencias parciales. Se pierde intuición e imaginación, se impone el control, la evaluación y la uniformidad. En la práctica, se consigue atomizar la noción de cultura (Carrera y Luque, 2016: 27).

Algunos propagandistas competenciales han llegado a cargos públicos de alta responsabilidad desde los que han conseguido remodelar los currículos escolares. Es el caso, por ejemplo, de Ramon Grau, subdirector general de Ordenación Curricular de la Generalitat de Catalunya, que en sus textos defiende el competencialismo desde una postura alumnocéntrica. Lo que no logra explicar, o quizá igual ni siquiera lo sepa, es por qué se confunde tantas veces el interés del alumnado con el de los dispositivos de dominio social que han diseñado las patronales europeas. Esa parte no la muestra nunca al público, no es visible desde una concepción propagandística de la gestión pública. He elegido a Grau porque es uno de los casos que tengo más a mano. Supongo que en todas las autonomías encontraríamos cargos con actitudes parecidas, y también en todos los estados y administraciones de nuestro entorno.

Solo una educación ilustrada trata de formar *personas*, no consumidores, medios para fabricar datos en cadena en un ambiente deshumanizado. La conversación humana ha de desmontar los dispositivos burocráticos, ha de restaurar la palabra libre fuera de mediciones, previsiones, controles, vigilancias, encajes, aplicativos, rendimientos, formularios, tests, autoengaños, moldes, linchamientos y binarismos emocionales. La educación actual convierte a nuestro alumnado en una cadena de montaje, genera autoculpabilización, y nuestras aulas en una fábrica de conformismo y ansiedad. El dominio financiero ha cerrado la industria productiva para convertir nuestras escuelas en fábricas.

Antes nos encadenaban a cadenas de montaje, hoy el posfordismo nos ha convertido a *nosotros* en una cadena de montaje.

En este sentido, en lugar de seguir perdiendo el tiempo con la polémica sobre «el nivel», o las metodologías idóneas, podríamos hacernos un favor reconfigurando nuestro paquete básico de preguntas: ¿Por qué siguen colando políticas de extrema derecha biopolítica como iniciativas humanitarias o incluso libertarias? ¿Cómo podemos rescatar a nuestro alumnado de este dominio triunfante del autoritarismo utilitario? ¿Cómo podemos evitar que la vida humana en nuestro país quede reducida a combinaciones de intereses dinerarios? En definitiva: ¿Es posible construir entre todos una alternativa vital que supere los autoengaños actuales que encubren innumerables pillajes y residualizaciones?

Para responder, quizás valga la pena acercarse a los libros que publican los apóstoles de la desregulación, esos falsos libertarios de los que hablábamos, y que vienen a ser algo así como la división de *marketing* de las multinacionales. Porque, «tal y como advierte Christian Laval, las escuelas se han convertido en empresas que prestan servicios» (Carrera y Luque, 2016: 13).

Hojeo *Aprendre* (Columna, 2022), de Eduard Vallory, impulsor de la red Escola Nova 21 entre 2016 y 2019, y encuentro un relato muy interesante sobre una persona que no para nunca de revisar sus preocupaciones personales y profesionales, que no ha parado de crecer y de ensanchar sus horizontes. Cerramos el libro convencidos de que el autor es una bellísima persona, un hombre muy majo, lo invitaríamos a cenar para que continuara contándonos anécdotas jugosas, o experiencias de sanísimo liberalismo sexual; sin embargo, lo que más me podía interesar no está. Vallory ha escrito un libro que va de sí mismo, nos damos cuenta de que *Aprendre* es una autobiografía de alguien *que está intentando venderse muy bien* en el contexto actual en el que queda muy bien presentarse a sí mismo como a un intelectual que permanentemente está aprendiendo y desaprendiendo. Sin embargo, falta información: ¿Cómo consiguió Vallory los cargos de responsabilidad pública que ostentaba y sigue ostentando? ¿Por qué le tiene tanta manía al funcionariado? ¿Cómo consiguió que la Diputación de Barcelona financiara su alianza de centros educativos para el Cambio? Hubiera sido de enorme interés contar con todas estas informaciones y versiones de primera mano. Espero poder encontrarme con él en el futuro y que lo explique de primera mano. Como lector suyo no me interesa tanto lo bien que se vende, porque resulta evidente que esas competencias las posee, sino lo que ofreció a las instituciones que lo ficharon, y cómo y por qué lo ficharon.

Vamos con otro autor, quizás el más famoso de todos, César Bona. Leemos uno de sus libros, *La nueva educación. Los retos y desafíos de un maestro de hoy* (2015), y es mucho más interesante aún. Lo primero que debo decir es que está lleno de propuestas didácticas creativas y aplicables; mis apostillas tienen mucho más que ver con cuestiones de interpretación que con objeciones al desempeño de clase mostradas por Bona, que me parecen totalmente válidas, como muchas otras. Sin embargo, escribe Bona: «Tenéis dos opciones: una, coger una depresión; o dos, ver y analizar lo que la gente llama "problemas" y mirarlos como "retos"» es la sentencia que encontramos en la página 156. Se trata de la típica recomendación reducida a la psicología positiva propia de los textos emocionales, sin contexto sociológico ni análisis histórico. Cuando una persona cae en una depresión, ¿lo ha escogido? ¿Una depresión es una *opción*? Y en ese caso, ¿quién en su sano juicio escogería algo tan grave y tan serio como una depresión como elección vital? ¿Por qué cogen depresiones los docentes y los adolescentes? ¿Lo han *escogido*? Lo dudo mucho. Seamos serios.

La cosa no es tan simple ni innovadora como podía parecer, tiene todo el aroma de la literatura de Marchesi y Goleman. ¿Pueden ser «retos» la segregación escolar, la desigualdad, la existencia de centros gueto? ¿Pueden algo las sonrisas de los docentes ante el cierre de líneas de educación pública que favorecen la apertura de líneas de educación concertada? ¿Por qué no existe una tercera opción, la del análisis de clase para las poblaciones que nuestra sociedad reduce a vidas residualizadas? Desde que Mark Fisher publicó *Realismo capitalista* (2009) sabemos que una de las bases del Capitalismo Tardío es el fomento de las enfermedades mentales. No todo se puede convertir en un reto solucionable con sonrisas y voluntarismo. Dice unas páginas antes Bona: «Encontraremos piedras en el camino, pero compartir el mundo de los niños nos ayuda a entender que nada es imposible» (2015: 64). No sé, yo tengo mis dudas. Todo esto me va sonando a *happycracia* emocional, a dispositivo de ocultación, tal y como los han descrito Edgar Cabanas y Eva Illouz. ¿Es que no podemos compartir la creatividad de los niños con una visión crítica de la sociedad en la que tendrán que vivir?

¿A qué responde realmente tanto voluntarismo y todo este utillaje estético positivo? Faltan las preguntas, las preguntas acerca del poder.

La respuesta no es la autoayuda, sino la reconstrucción derivada de un debate colectivo serio. La depresión, la desilusión, aparecen como de la nada, y se pueden solucionar con una sonrisa y un poco de buena voluntad, un: «Vamos, que tú puedes», o recordando la llamada sagrada de la vocación, pero cuando docentes de carne y hueso te explican que no han dormido más de tres horas al día durante una semana para poder terminar unos informes cualitativos, cuando explican las amenazas y coacciones, cuando no agresiones y vejaciones diversas, recibidas de equipos directivos o familias o alumnado, insidias de todo tipo que han recibido, no parece todo tan fácil y nimio como lo pinta Bona. Por no extendernos demasiado en casos reales, como el de un docente que ocupaba una plaza de funcionario en un centro y una directora empezó a amenazarle con denuncias por acoso sexual inventadas para que cogiera una baja y su propio hijo ocupara su puesto.

Cuando algunos docentes te explican que han tenido que redactar el programa de una asignatura optativa anual en media hora, no todo parece tan relacionado con el estado de ánimo concreto o cotidiano del docente. En el fondo, nos encontramos en la misma encrucijada que Álvaro Marchesi, redactor de la LOGSE, resolvía de la misma forma, en plan: «No se queden ustedes en la depresión reactiva, háganse fuertes en la voluntad de atender a la diversidad», aunque sea sin recursos ni apoyos de ningún tipo. Dejemos de banalizar y ridiculizar el malestar docente. Ya es hora de empezar a escribir y analizar como adultos. Yo pienso que en todo esto nos estamos olvidando de algo esencial: ¿Qué genera toda esta ansiedad, por qué esta depresión que hace estragos desde hace décadas, por qué no nos atrevemos a mirar el problema en su verdadera dimensión, con una cierta responsabilidad pública? Yo diría que valdría la pena profundizar más en lo que está ocurriendo dentro de las aulas y de cómo la profesión docente va precarizándose y llenándose de responsabilidades inasumibles.

Si nos ponemos bonianos, podremos decir: «Pobrecitos docentes, en algunos momentos pierden el norte, se desilusionan», con un poco de voluntad y creatividad la cosa se resuelve pronto. Sin embargo, rasquemos un poco más. Desde el Reino Unido nos llega el testimonio inquietante de una Asociación de Jefes de Estudios, recogida en la edición del periódico *The Guardian* (31 de diciembre de 2022), cuyos titulares son: «*'Exhausted, broken, at risk of heart attacks': UK headteachers quit as cuts push them to the edge. With a strike ballot looming, school leaders say erosion of services for children and families has made their jobs untenable*». Aquí las cosas ya parecen más serias: se habla de infartos de miocardio, de huelgas impulsadas por profesionales que, literalmente, ya no pueden más, uno de los cuales afirma: «*The whole system is broken*». Los docentes ni se deprimirían ni desarrollarían afecciones coronarias si se les dejara realizar bien su trabajo, algo que la posdemocracia-mercado no está dispuesta a permitir.

Y no es el único desastre británico del que tenemos noticia. Cuenta Diego Hidalgo que «en el Reino Unido, podría estudiarse un sistema que anticipara si merece o no la pena invertir dinero en la educación de un niño, en función de su comportamiento durante sus primeros años de vida» (2021: 81). Y esto mientras ahora mismo se está implantando en nuestro país el famoso «perfil de salida» de la LOMLOE, que no es más que un documento de diagnóstico que restringe o no lo que debe enseñársele a cada alumno concreto. Es cierto que la propuesta española no es tan descaradamente clasista como la británica, pero no es menos equívoca y clasificatoria y responde al mismo propósito recortador y restrictivo. Harold Entwistle ya señaló cómo los intereses corporativos ajenos a la pedagogía «controlan las escuelas "ideológicamente" o hegemónicamente al permitir que se transmitan solo aquellos conocimientos (y de tal manera) que sirvan a los intereses de la clase dominante» (2023: 42), en este caso los grandes grupos financieros y las multinacionales *big tech*. Se trata de una burda traslación de la filosofía comercial de las corporaciones puesta al servicio de la cancelación de los futuros posibles de nuestra juventud: dirigismo clasista, reduccionismo inmoral. Es la misma dirección que están tomando las políticas de «inclusión», destinadas a recortar en escuelas especiales y personal especialista: con una excusa humanitaria se pisotea el derecho a la educación de todos los agentes implicados en los procesos de enseñar y aprender. La violencia se desata en las aulas ordinarias contra el alumnado desatendido, que se revuelve contra los compañeros y los docentes. Dar clase sin apoyo alguno, en contextos inadecuados para todos, solo genera frustración y violencias cruzadas. Es la «escuela bonsái» que describe Xavier Massó en uno de sus artículos, la escuela que recorta las almas de la juventud, en lugar de ilustrarlas.

¿Nos asomamos a Francia? Reuters nos informaba de que había estallado allí una huelga en 2015, los motivos: un plan «darles a las escuelas mayor margen y libertad sobre lo que enseñan, promover la enseñanza interdisciplinaria y contrarrestar el elitismo que quienes respaldan la reforma dicen que no sirve a la mayoría de los estudiantes»; es decir, un antecedente de la LOMLOE.

> Los 840 000 maestros de Francia —un bastión tradicional de respaldo al Partido Socialista— se oponen en su mayoría a la reforma, según sus sindicatos, pues temen que aumente la competencia entre escuelas y, por lo tanto, acabe exacerbando la desigualdad (19 de mayo de 2015).

La misma pregunta que inquieta a las masas de docentes socialdemócratas españoles que se preguntan por qué el PSOE sigue una política tan claramente derechista desde hace tanto tiempo. Es decir, los mismos problemas de privatización y clasismo que generará la LOMLOE. Con una diferencia entre Francia y España: «Un sondeo de opinión de Odoxa divulgado la semana pasada mostró que más de un 60 por ciento del pueblo francés se opone a la reforma y cree que provocará más daños que mejorías en el rendimiento de los alumnos». Aquí no sabemos ni qué piensan las familias, ni nos importa, ni encargaremos este tipo de estudios. El Gran Cambio es un gran «Trágala», se ha convertido ya en una forma de vida y en una fuente fija de pingües ingresos indirectos.

¿Están chiflados esos huelguistas amargados británicos? ¿Han perdido la vocación, han pasado un mal día? ¿Son unos rojos impenitentes estos jefes de estudios británicos, unos aguafiestas o comodones sádicos, unos rojipardos repugnantes, impermeables al Nuevo Paradigma? ¿Se han vuelto locos de repente los docentes europeos, locos de una extraña afección elitista y mussoliniana? ¿Han *escogido* el camino de la *depresión*? ¿No habrán intentado sonreír y salir adelante, pese a «las piedras en el camino» de las que hablaba Bona? El año pasado, en Cataluña, quinientas direcciones de centros públicos enviaron una carta a la Consejería de Educación, avisando de un inminente «colapso educativo» del sistema. Obviamente, nadie les hizo caso. ¿Y saben por qué? Porque este colapso, este caos, estas bajas sin cubrir durante meses (aproximadamente la mitad), esta falta de personal y de plazas públicas de FP, o esta ruptura violenta del sistema (recuerden la sentencia: «*The whole system is broken*») es un fenómeno inducido, quiero decir programado, por la misma lógica privatizadora que ha hecho saltar en pedazos la asistencia primaria de la sanidad pública.

Lo que tienen delante nuestros docentes, aquí y en el resto de Europa, no son unos guijarritos, unas piedrecitas que mañana ya no estarán, sino una auténtica losa: una dictadura financiera y un monopolio ideológico, que no fusila ni amenaza directamente con represalias como torturas y cárcel, pero que ahoga toda posibilidad de gestionar un centro educativo con unas garantías mínimas de respeto por las vidas y las perspectivas del profesorado y del alumnado.

Todo esto es lo que sigue siendo invisible en nuestro país: un mercado laboral salvaje, un desvío sistemático de fondos públicos para empresas rapaces, la barbarie instalada en las provisiones de plantillas públicas, una burocracia inhumana que responde al cultivo de datos y no a la voluntad de mejora de un servicio, unos currículos clasistas y un sistema que hace aguas y es defectuoso por negligencia civil, que ni consigue generar aprendizajes ni logra poner las bases de la igualdad que es condición mínima de una democracia digna de este nombre.

En este punto es cuando podríamos empezar a preguntarnos: ¿Desde dónde reactivamos la reflexión humanística? ¿Cuándo nos ponemos a ello? ¿Cuándo volvemos a enseñar, cuándo volvemos a aprender, y cuándo situamos esa nueva racionalidad en el sistema público? Y, sobre todo, la pregunta capital: ¿Dónde refundamos la escuela escolar pública desconectada de la producción monopolista? ¿En locales sindicales, como se hacía en la década de 1910? ¿En santuarios cooperativos? ¿En centros públicos que se rebelen?

Necesitamos que nuestras aulas públicas sean como las de nuestra élite económica: es decir, con especialistas, ediciones filológicas, poesía, alta divulgación histórica y científica, debate filosófico, conocimiento del pasado, y libreta de apuntes, pizarras y tizas. Hasta ahora considerábamos a los tecnojuguetes como un lujo puesto al servicio de la igualdad, pero hemos aprendido que todo eso no era más que una agresión de clase extraordinariamente eficaz, persuasiva y discreta. ¿Dónde reunimos al profesorado que más sabe con el alumnado que más lo necesita?

¿Cuándo empezamos a construir comunidades educativas al margen de esta lógica cainita y psicopática, trufada de intrusismos, más allá de edulcoraciones y manipulaciones? Estas son para mí las preguntas exactas que hay que plantear ahora y aquí.

10.
¿Peligro o conspiranoia?

Todo esto habrá que demostrarlo; no podemos quedarnos en una mera exposición literaria o filosófica, y menos cuando es tan pesimista. Pongámonos a ello.

Para demostrar que nuestra red de educación pública está realmente en peligro y que hasta aquí no hemos hilvanado más que un haz de conspiranoias, vamos a explorar dos direcciones concretas: en primer lugar, trazaremos una trayectoria historiográfica que nos ilustrará sobre los avances que ha ido efectuando la dictadura financiera hacia la desregulación y el asalto definitivo a los currículos educativos. Como los primeros pasos en esta dirección se dieron aproximadamente hace treinta años, en los años noventa, ya es posible obtener un poco de perspectiva histórica sobre un fenómeno ideológico continental ya no tan reciente. En segundo lugar, en la siguiente sección, consultaremos las obras de científicos destacados que han estudiado con rigor los procesos de enseñanza y aprendizaje, en un esfuerzo por desentrañar lo que es mito y estafa de lo que realmente ha sido defendido o argumentado a través de experimentos serios, diseñados como es debido, con rigor académico y científico, con grupos de control y honradez metodológica.

Un historiador de las políticas educativas de las últimas décadas, Felipe de Vicente, consejero titular del Consejo escolar del Estado, nos ofrece una crónica ajustada de lo que fue sucediendo en la escuela española desde la transición hasta nuestros días:

> [En 1979] el secretario general Felipe González propuso a los congresistas abandonar la definición marxista del partido, propuesta que no fue aceptada y que motivó la dimisión del secretario general, una conmoción en el partido y un Congreso extraordinario en septiembre del mismo año. En este cónclave socialista se enfrentaron los moderados, encabezados por Felipe González y Alfonso Guerra, y los marxistas entre los que estaba la figura más destacada entonces de la política educativa del partido, Luis Gómez Llorente. Finalmente, el Congreso aprobó abandonar la ortodoxia marxista y relegar el marxismo a un simple *instrumento teórico, crítico y no dogmático* del programa del PSOE (2022: 65).

Y atención a este punto, porque la marginación de Gómez Llorente no suele ser un hecho muy conocido:

> El triunfo de la moderación tuvo sus consecuencias en el programa educativo y en sus próximos gestores. Gómez Llorente fue perdiendo peso en el partido en favor de técnicos menos

ideologizados y más conocedores de las políticas educativas. Al conformar su primer gabinete, González no optó por el antiguo portavoz de educación del partido, lo hizo por un personaje relativamente nuevo, José María Maravall, un intelectual prestigioso, en aquel momento catedrático de la Complutense, formado en el Reino Unido y Estados Unidos, habiendo sido profesor en varias universidades anglosajonas (2022: 66).

Maravall fue el impulsor de la LODE (1985), la ley que más hizo crecer la inversión estatal en educación, pero también fue quien abrió la puerta a los conciertos de plazas privadas como medida transitoria o provisional con vistas a lograr, por fin, la plena escolarización. Según Felipe de Vicente, «Maravall no era un radical, ni venía de los movimientos de profesores de los años setenta, como Gómez Llorente y, hasta cierto punto, había sido ajeno a los problemas educativos del país».

Durante los años ochenta, se fue construyendo el discurso que culminaría en la redacción y aprobación de la controvertida LOGSE (1990). Sobre su valoración y trayectoria, Felipe de Vicente nos aporta detalles muy reveladores: «Ahí está una de las claves de lo que para muchos ha sido un fracaso: se pretendió convertir a todos los profesores en sacerdotes de una religión pedagógica obligatoria: o eras constructivista o eras un hereje» (2022: 104); había nacido el pensamiento único pedagogista, una moral totalizadora que había venido para convertir a toda la comunidad educativa a unos dogmas concretos. Había empezado la pesadilla vertical:

> Incluso uno de los grandes pontífices de la nueva pedagogía, Fabricio Caivano, fundador y director durante muchos años de la revista oficial de la reforma, *Cuadernos de pedagogía*, decía años después refiriéndose a la reforma: «queremos hacer (a los alumnos) todo fácil, todo un juego y el profesor se ve desarmado ante un discurso tan bonito. La Reforma es esto revestido de un discurso más psicologista, constructivista: solo se aprende de lo que se descubre, que es una tontería que se ha dicho mucho» (2022: 104).

¿Verdad que parece un texto actual? Pues proviene de una entrevista de... ¡1998! El alumnado ya iba a la escuela y al instituto a jugar, la banalización ya estaba en auge, el conocimiento ya se había quedado obsoleto y era cosa de carcamales y franquistas.

El constructivismo ya peina canas. De hecho, es una teoría bastante vetusta, importada en España hace medio siglo, y además en una forma irreconocible, manipulada y desvirtuada para servir a intereses políticos. ¿Cómo es posible que veinticinco años después se detecten los mismos problemas, pero el Estado legisle en un sentido idéntico que en 1990? Y, lo que es más preocupante, ¿cómo es posible que se mantenga igual coerción sobre el profesorado, y que no haya manera de resquebrajar o flexibilizar ni lo más mínimo el discurso pedagógico oficial? La LOMLOE no es modernizadora, exagera los tics autoritarios y la banalización de las construcciones de hacia 1985. Hoy podemos dilucidar por qué: porque acompañaban a una reconversión económica dramática, porque había que minorizar y desvirtuar la educación masiva, porque había desembarcado la dictadura financiera, interpretada por técnicos teóricamente neutros. En el conjunto europeo, España se tenía que convertir en un país de servicios y de trabajadores con bajo perfil: educar a todos en valores científicos y humanísticos era un «despilfarro» intolerable en los nuevos tiempos, educar en un ideal de cultura era demasiado peligroso para el *statu quo* centrista.

¿Cómo pudo ocurrir algo así? Héctor Ruiz nos aporta algunos datos interesantes a tener en cuenta sobre el constructivismo:

El constructivismo como teoría del aprendizaje no debe confundirse con quizás desafortunadamente denominadas *metodologías de enseñanza constructivistas*, que afirman que el alumno debe construir el conocimiento por medio del descubrimiento, y no a partir de la enseñanza explícita [...]. Esto no tiene nada que ver con el constructivismo teórico, que solo nos habla de qué debe ocurrir en la mente del estudiante para que se produzca el aprendizaje, esto es, una conexión entre los conocimientos previos y la nueva información, promovida por el empeño de darle significado (2021: 56).

Esta es la clave que nos aporta Ruiz: fue un acto abusivo tomar una teoría psicológica y convertirla en un conjunto de decretos ley. Lo que hubo fue una hipertrofia suicida de un esquema filosófico, que sirvió *demasiado bien* como decorado de unos determinados objetivos geopolíticos. El constructivismo que empezó a imponerse legislativamente hacia 1985 era una versión corrupta de un modelo psicológico, porque en realidad disimulaba muy mal su naturaleza *utilitaria*, fruto de un proceso *pragmático* que condujo a un peligroso antiintelectualismo.

Dicho de otro modo, los impulsores de la LOGSE impusieron unas *prácticas sociales* a partir de unas propuestas que solo habían de ser *descriptivas*. La otra gran lacra, que también arrastramos, también la señala Felipe de Vicente, es la *falta de realidad*. El 23 de abril de 1998, en el Colegio de Doctores y Licenciados de Madrid hubo un debate público sobre la LOGSE. José Luis Negro, presidente del Consejo de Colegios de Doctores y Licenciados en Letras y Ciencias de España, decía textualmente:

El posible fracaso de la ESO es fruto en primer lugar de la falta de financiación y en segundo lugar de que esta ley salió de un laboratorio que sus ideólogos, como Marchesi y César Coll, la definieron como una cosa de laboratorio, y once asignaturas distintas son demasiadas para los alumnos (2022: 105).

Un cuarto de siglo después, continuamos dentro del mismo laboratorio. No hay manera de que las autoridades tengan en cuenta la opinión de los docentes: hay que transformarlos en instrumentos ideológicos y evitar que organicen contrapropuestas. Como nos recuerda de nuevo Felipe de Vicente, en la Comunidad de Madrid un 75 % de los docentes pensaba entre 2006 y 2008 que la motivación de los profesores estaba en horas bajas; un 79 % opinaba que el nivel educativo estaba bajando (2022: 109). Los docentes españoles son ninguneados de una forma insólita. Es posible que entonces se nos escapara lo esencial: ¿Y si ese «laboratorio» era en realidad un *proceso de ingeniería social* impulsado desde agencias de valoración económica? En cualquier caso, ¿no ha pasado suficiente tiempo como para que maduremos caminos alternativos? Sin embargo, hoy la dependencia del Banco Mundial y la OCDE es más fuerte que nunca, y una reacción de la sensatez es hoy aún más impensable que en 1998.

Si nos asomamos al norte, mucho ha avanzado la mercantilización del conocimiento en Europa desde que Edith Cresson, primera ministra francesa entre 1991 y 1992, proclamara que «el saber y el conocimiento se han convertido en algo obsoleto» (Carrera y Luque, 2016: 10). Paralelamente, algo más al sur,

en España, el proyecto de la Escuela Neoliberal entró de la mano de los gobiernos socialistas y fue continuado entusiásticamente por los conservadores. En su gestación se dieron la mano figuras tan importantes del mundo político y económico como José Antonio Maravall (Ministro de Educación en el gobierno de Felipe González), Pasqual Maragall (expresidente de la Generalitat de Catalunya), Ernest Maragall (hermano del anterior y Conseller d'Ensenyament de la Generalitat ca-

talana), Antoni Brufau (presidente de Repsol-IPF), César
Alierta (presidente de Telefónica), Emilio Botín (el que fuera
presidente del Banco de Santander)... Al apoyo político se
sumó una importante producción pseudocientífica desde vertientes como la psicología y la pedagogía aplicada que facilita-
ron la penetración de la nueva ideología (Carrera y Luque,
2016: 32).

Mientras recojo materiales para este libro, Telefónica continúa siendo el principal abastecedor de ordenadores del gobierno autonómico catalán, con contratos millonarios, y lo
era ya con intensidad durante el Confinamiento. Los mismos autores concluyen que «la incapacidad o falta de voluntad para el acuerdo ha preparado el terreno para admitir sin
oposición las recomendaciones de los organismos interna-
cionales» (2016: 32).

Es decir, que la razón última de que no exista el famoso
Pacto de Estado para la educación en España es evidente: la
ausencia de una reglamentación estatal estable mantiene
abierta la puerta a la intervención exterior, inequívocamente lucrativa. No se necesita ningún pacto explícito cuando
todos piensan aproximadamente lo mismo: a la escuela hay
que ir a jugar hasta los dieciocho años; que se aprendan cosas «inútiles» en las escuelas públicas es molesto y hasta peligroso para los gobiernos. El economicismo político, además, mantiene una curiosa alianza con el mecanicismo
tecnocrático. Recordemos este titular: «Alegría advierte de
que educar acumulando contenidos "ya no sirve" porque la

Inteligencia Artificial "es una realidad"». Se nos dice que tenemos que dejar de leer, estudiar y pensar, porque lo hará la Inteligencia Artificial por nosotros, como si la Inteligencia Artificial y el abuso indiscriminado de artilugios fuera algo ideológicamente neutro. La verdad es que no tiene absolutamente nada de ideológicamente neutro diseñar una educación de pacotilla para el alumnado de la escuela pública, una deseducación basada en dogmas extremistas y dirigismos culturales basados en lo que ordenan las empresas que controlan esas herramientas tecnológicas. Por lo tanto, no estamos intentando combatir la tecnología en clase, sino el intrusismo intolerable del economicismo utilitario y conductista.

El simulacro de un debate educativo enconado entre los dos partidos mayoritarios encubre una unanimidad en los principales puntos de la legislación educativa: se implanta lo que ordenan el Banco Mundial, la OCDE y la UE, es decir, la imposición de un puñado de monopolios oportunistas, y santas pascuas.

Pascual Gil es quien nos narra un pasaje especialmente oscuro de nuestro pasado institucional reciente:

Año 1995, cumbre político-económica de la Fundación Gorbachov en San Francisco. Se llega a una conclusión escalofriante: en el próximo siglo (XXI) dos décimas partes de la población activa acabarán siendo suficientes para mantener la actividad económica mundial. Surge la gran pregunta: ¿Qué se hace con el 80 % sobrante? Llegados a este callejón, se acepta la propuesta de Zbigniew Brzezinski, asesor de Jimmy Carter y cofundador de la Comisión Trilateral: «*tittytainment*», una poco ingeniosa composición que engloba «tetas» y «entretenimiento», es decir, una mezcla embrutecedora y alienante que suministrar al grueso de la población frustrada para mantenerla de buen humor, desmovilizada y acrítica (2022b: 127).

¿Se comprende ahora por qué recogimos la anécdota de La Boétie relativa a la sumisión de Sardes por parte del emperador Ciro, rey de los persas? El *tittytainment* es la propuesta de nuestra cúpula política equivalente a los burdeles y tabernas que pretendía abrir el monarca en la capital del reino de los lidios.

De 1995 es el informe «Documento Sectorial sobre Educación» elaborado por el Banco Mundial, donde se abogaba por la privatización de la formación secundaria y universitaria. Solo un año después, en 1996, Christian Morrison, consultor del Banco Mundial, definía en un texto publicado por la OCDE cómo debían ser los nuevos modelos educativos:

Si se les disminuyen los gastos de funcionamiento a las escuelas y universidades, hay que procurar que no se disminuya la cantidad de servicio, aun a riesgo de que la calidad baje. Se pueden reducir, por ejemplo, los créditos para el funcionamiento de las escuelas o universidades, pero sería peligroso restringir el número de alumnos matriculados. Las familias reaccionarán violentamente si no se matricula a sus hijos, pero no lo harán frente a una bajada gradual de la calidad de la enseñanza y la escuela puede progresiva y puntualmente obtener una contribución económica de las familias o suprimir alguna actividad. Esto se hace primero en una escuela, luego en otra, pero no en la de al lado, de tal manera que se evita el descontento generalizado de la población (Carrera y Luque, 2016: 52 y 64).

Es decir, que se planteaban desmoches parciales que no permitieran elaborar un mapa claro de recortes y ausencias. El problema es que la legislación lleva demasiado tiempo prometiendo recursos para la inclusión y la equidad que no llegan nunca por falta de fondos y voluntad política. Más que un malestar violento lo que se ha instalado es una desconfianza resignada, una aceptación sumisa de la desigualdad, además de un cierto pesimismo desinformado.

Las llamadas Competencias Básicas (no nos engañemos, las tradicionales «cuatro reglas» reformuladas a lo pedante) forman el escenario perfecto para esa reducción drástica de la calidad, y además fueron aceptadas de forma totalmente acrítica, como soluciones definitivas para el bienestar del país y su brillante futuro. Un futuro sin cultura ni ciencia, sin posibilidad de «elitismo»; un futuro para la pereza y el analfabetismo funcional que las nuevas tecnologías parecían fomentar. Lo que propuso Morrison era una estrategia de recorte selectivo, discreto. Esto es lo que explica la obsesión por la escolarización y el abandono escolar: el sistema solo se preocupa de la extensión de la matriculación, pero no le importa que una vez dentro del sistema los escolarizados no hagan gran cosa ni aprendan nada. Se trata de una escuela para la contención, para el juego y para el Ser, para el estatismo acrítico y la distracción banal.

En torno al año 2000 se produjo el desmoche universitario conocido como Plan Bolonia, redactado y aprobado en 1999. El especialista Jorge Fernández Liria recuerda aquella etapa en los siguientes términos: «Se nos repitió hasta la saciedad: los títulos universitarios eran demasiado rígidos, las carreras demasiado largas, los alumnos terminaban con una sobrecualificación que los volvía inoperantes para el mercado laboral» (2022: 119). Es decir, una peligrosa mayoría social sabía demasiadas cosas, y reclamaba mejores empleos y mejores remuneraciones. ¿Se entiende ya por qué la LOMLOE es el equivalente al Plan Bolonia para los tramos obligatorios? Las reformas competenciales tienen como objetivo que el alumnado no sepa demasiado, sino solo lo justo para poder ser empleado en un inframercado laboral presidido por la precariedad y la mediocridad.

Había que obrar en consecuencia, había que reducir los itinerarios académicos a tres años, había que jibarizarlo todo, que hacerlo más «flexible». Los más entusiastas hablaron de que había llegado el fin de las titulaciones universitarias, que serían sustituidas por un carnet con una banda magnética en la que irían consignándose los cursillos para la adquisición de destrezas, habilidades y competencias, de modo que los estudiantes podrían negociar de tú a tú con los empresarios sus futuros contratos laborales, de forma enteramente individualizada (porque «cada persona es un mundo»), es decir, sin la intromisión de los convenios colectivos, las legislaciones laborales, los sindicatos y los colegios profesionales. Una abominación para una sociedad abominable, en definitiva (2022: 120).

Cuando hablamos de «dictadura financiera» nos referimos a propuestas como estas, que pretenden convertir la educación en una agencia de colocación de una calidad ínfima, para una sociedad totalmente dominada y estática. El objetivo de las reformas competenciales es desregular el mercado laboral y desatar una etapa de explotación sin precedentes, dejando a los trabajadores de clases medias y bajas totalmente indefensos ante todo tipo de abusos.

En el año 2001, en el libro *Schooling for tomorrow. What schools for the future?*, la OCDE especificaba claramente que su proyecto de modernización no era igualitario:

> La cuestión de los conocimientos y las competencias en los que deben centrarse las escuelas [...] se hace aún más compleja, ya que las vías y los destinos que seguirán los alumnos no son ni mucho menos idénticos. No todos seguirán carreras profesionales en los sectores dinámicos de la «nueva economía» —de hecho, la mayoría no lo hará—, por lo que el currículo no puede diseñarse como si todos tuvieran que llegar igualmente lejos. Los conocimientos que muchos utilizarán en el trabajo, la sociedad o el ocio pueden estar lejos de ser avanzados (García y Galindo, 2022: 105).

¿Cómo encaja esta declaración de principios claramente segregacionista con las declaraciones de todos los impulsores del LOMLOE, para quienes la «equidad» es el vector básico de los nuevos currículos, por lo que «nadie puede quedarse atrás»? La respuesta no puede ser más sencilla: todos los alumnos del circuito público serán los rezagados; el que pueda pagarse los conocimientos propios de «los sectores dinámicos de la nueva economía» será el único que pueda tener acceso a empleo fijo y de calidad, convertido en un privilegio de clase. Las reformas educativas garantizan que nadie se quede atrás en la red pública, pero es toda la red pública la que se queda atrás por decreto, reconvertida en espacio asistencial. Por eso todo el entramado forma parte de la Ilustración oscura: aparenta ser democrático cuando en la realidad despoja a las mayorías de todo horizonte de emancipación humana.

Todo esto afectó, lógicamente, al escenario español. Según Felipe de Vicente,

en el año 2000 las cosas habían cambiado desde la LOGSE, aunque solo hubieran pasado diez años. Había una mayor perspectiva de los efectos de la ley, un verdadero clamor entre el profesorado a favor de determinados cambios y un cierto consenso entre los expertos —excepto los más *logsistas*— de que las cosas no habían ido de la manera prevista en 1990.

Natural, tratándose de un dispositivo que no aguantaba el contacto con la realidad;

También los pedagogos estaban cambiando el discurso. Después de adoctrinarnos durante años sobre las programaciones basadas en procedimientos, conceptos y actitudes, ahora venía otra moda pedagógica, que llegaba de Europa: las llamadas competencias básicas más nuevos conceptos educativos de la Unión Europea. Los días 23 y 24 de marzo de 2000, el Consejo Europeo de Lisboa aprobó un documento para acordar un nuevo objetivo estratégico de la Unión a fin de reforzar el empleo, la reforma económica y la cohesión social como parte de una economía basada en el conocimiento (2022: 177).

De esta forma desembarcaron en nuestro país las jergas propias de la gestión empresarial aplicadas a los sistemas educativos. La pedagogía real, es decir, la disciplina centrada en facilitar saber y crecimiento humano, quedaba fuera de la ecuación, sustituida por el utilitarismo totalizante del mercado.

11.
La opinión científica

Hemos mencionado ya al neurobiólogo Héctor Ruiz a propósito de los distractores antieducativos, pero quizá sea la hora de examinar realmente cómo aprende la mente humana y cómo la gran reforma competencial ha manipulado y desvirtuado todo lo que la neurociencia ha logrado averiguar. En su libro *¿Cómo aprendemos?* Ruiz llega a la conclusión de que el aprendizaje se produce en una red de conceptos o significados que relacionamos con los nuevos que nos llegan de afuera, en un círculo vicioso de alimentación mutua entre los conocimientos de que ya disponemos y los que adquirimos relacionándolos con los previos. Pero será mejor que sea él mismo quien nos lo explique sin intermediarios:

> Cuando los alumnos no poseen los conocimientos previos adecuados, o cuando no se les da tiempo para activarlos y relacionarlos con el objeto de aprendizaje, su reacción más natural ante el inexorable examen al final de la unidad es memorizarlos sin darles apenas sentido, esto es, sin conectarlos.

Según Héctor Ruiz, aprendemos relacionando conceptos, y evocándolos y combinándolos, algo imposible de realizar en el aula hiperactiva que nos anuncian como «Aula del Futuro»: «Cuantos más conocimientos previos vinculemos al objeto de aprendizaje, más fuerte será su arraigo en la memoria, y más fácil será recuperarlo en el futuro porque más contextos distintos lo activarán» (2020: 58). En este esquema, aprender no es tanto *almacenar* como dejar en una disposición *recuperable* un determinado dato o concepto susceptible de ser activado.

Con ello conseguimos superar el viejo mundo binario de las oposiciones entre los racionalistas conductistas de 1950 y los postrománticos constructivistas, porque no somos ni almacenes, ni tablas rasas ni seres de luz corrompidos por una escuela disciplinaria y malvada.

¿Cómo reacciona el sistema ante el reflejo ultramemorístico? Eliminando las «unidades», eliminando los «exámenes», proscribiendo el «aprendizaje memorístico». El docente competencial intentará por todos los medios convencernos de que su objetivo es lograr un alumnado más reflexivo y crítico, cuando la realidad lo desmiente de forma categórica: lo que implantándose se parece más a un movimiento antiintelectualista iconoclasta, puritano y culpabilizador, que a un sistema que premie la reflexión autónoma. Y la razón no es difícil de comprender: si sospechamos de los contenidos educativos (los «hechos», como diría el filósofo Markus Gabriel), estamos renunciando a transmitir legados y conocimientos orientadores, y habremos caído en la Ilustración Oscura, es decir, la utilización falsaria de las instituciones públicas para fomentar dispositivos de dominio y la explotación de la credulidad. Ni el docente transmisivista ni el competencial desean la memorización de largas listas de palabras sin sentido alguno ni contexto creativo. La transmisión de conocimiento se produce cuando hay una red de conceptos memorizados (a través de la reflexión, la evocación y la combinación) que acoge nuevos racimos de conocimiento interrelacionado y combinado. Acompañar esos saberes de chorros emotivos, reducir las actividades de aula a entretenimientos banales, basados en hechos culturales generados por el consumismo más primitivo, no son propuestas serias, y sin embargo parece que lo hayan invadido todo (en realidad es un efecto óptico producido por las redes y por las empresas de formación docente, favorecidas y fomentadas por las leyes competenciales). En el modelo constructivista, es la cultura para la alienación lo que debe servir de base para el acercamiento del conocimiento: es lo que acaba provocando que un docente joven grabe videos para Instagram o TikTok con sus clases bailongas y sus clasificaciones futboleras. Si las familias supieran de verdad hasta qué punto se ha degradado el asunto, arderían algunas escuelas.

No cabe duda de que este modelo científico que nos describe Ruiz sobre cómo aprendemos es frontalmente opuesto no solo a las propuestas constructivistas sino también al competencialismo. Para estos no hay nada que aprender, solo podemos *construir* visones individuales que luego podemos compartir. En sus versiones más extremistas, que hoy son las hegemónicas en las facultades de magisterio y pedagogía y en los documentos oficiales, estas tesis deconstructivas de hace medio siglo (Boghossian ha demostrado que el miedo al conocimiento típicamente constructivista es una derivación corrupta del pragmatismo que Richard Rorty desarrolló a finales de los años setenta) han sido aprovechadas por las multinacionales *big tech* para diseñar el nuevo dispositivo de dominio social. En otras palabras, los progresistas constructivistas abrieron la puerta de par en par a la derecha tecnofeudal para que saqueara las arcas públicas tranquilamente, y llevándose, de paso, todo el tesoro de datos biométricos y estadísticos de nuestros menores. Curiosamente, los diseñadores de las actuales reformas competenciales *siguen siendo personas formadas en los años setenta*, que continúan su cruzada contra los conductistas de hacia 1950, *sin darse cuenta de que estamos en plena sociedad del conocimiento*, en la que únicamente sobrevive con dignidad el experto. Continúan realizando su revolución personal, con sueños de otro siglo, negándose a examinar los derroteros que va tomando nuestra situación política real, oponiendo un puro fósil doctrinal a otro no menos dañino, pero sí aún más remoto en el tiempo. Sin darse cuenta, los constructivistas deconstructivos siguen cegados por las represiones *sufridas por ellos mismos* en los tiempos de De Gaulle, Kissinger y Franco, vengándose de ellas a través de un anacronismo manifiesto. Llevan varias décadas desconectados de la realidad, colaborando entusiásticamente con la agenda neoliberal de los gobiernos occidentales.

Héctor Ruiz nos alerta, desde los primeros compases de su libro *¿Cómo aprendemos?*, sobre los abusos de la pseudociencia y contra toda clase de neuromitos, recomendando cautela:

> Con la reciente moda de la neuroeducación, la ciencia que estudia el aprendizaje con rigor está sufriendo la perversión de todo tipo de oportunistas que propagan en su nombre mensajes que nada tienen que ver con sus conclusiones. La pseudociencia siempre corre más que la ciencia en lo que a su divulgación se refiere. Probablemente porque las explicaciones científicas siempre son más complejas y están repletas de matices. Y porque la ciencia duda y necesita múltiples evidencias para afirmar algo con cierta seguridad, mientras que la pseudociencia está siempre segura de todo (2021: 11).

Por lo tanto, en las charlas ignaras y los cursillos fraudulentos abundarán las frases campanudas y los diagramas y esquemas llenos de colores fuertes y conclusiones trascendentes: la mejor actitud para juzgar estas formas de pseudociencia es el escepticismo, porque suelen encubrir mitos y propaganda comercial o ideológica. Ruiz concluye escribiendo una frase que no deberíamos olvidar nunca: «Si algo nos ha enseñado la investigación educativa es que no hay ninguna receta infalible» (2021: 11). En este caso, ¿por qué las recomendaciones europeas y nuestras leyes imponen metodologías concretas desde hace más de treinta años? ¿No hemos caído una y otra vez en un ataque contra la necesaria pluralidad metodológica?

Además, tratar de inferir el diseño de nuestras actividades de aula de lo que sabemos sobre el funcionamiento de nuestra cognición es claramente abusivo:

El cerebro nos apasiona y sin duda es muy interesante saber cómo funciona. Pero no nos engañemos: saber cómo se comportan las neuronas o qué regiones del cerebro intervienen en una tarea u otra no nos ayudará a decidir cómo organizar una experiencia educativa para que contribuya a alcanzar unos objetivos de aprendizaje (2021: 12).

Por lo tanto, quien pretenda lo contrario podrá ser fácilmente identificado como un charlatán o incluso como un estafador: «La ciencia nunca nos dirá qué debemos hacer o qué no. Solamente nos puede informar de qué es más probable que pase cuando hagamos esto o aquello» (2021: 23). Los neuromitos son afirmaciones absolutas sobre el comportamiento del cerebro que pueden desembocar en actividades que dificultan los procesos de aprendizaje.

El libro de Gabriel Heller Sahlgren *Las auténticas lecciones finlandesas: la verdadera historia de una superpotencia educativa* es un buen ejemplo de cómo una investigación sociológica rigurosa nos puede ayudar a deshacer mitos propagandísticos. Los descubrimientos y conclusiones de Sahlgren no pueden ser más elocuentes de hasta qué punto se nos ha engañado. El autor nos explica que en la primera edición de los informes PISA, publicados por la OCDE en 2001, Finlandia alcanzó posiciones destacadas en la franja más alta de la clasificación por países en matemáticas, lectura y ciencias. Desde entonces, los legisladores y planificadores educativos de todo el mundo han intentado aprender de este inesperado y extraordinario éxito. Sin embargo, los resultados de Finlandia en todos los campos empezaron a decaer en PISA 2009 y siguieron descendiendo en 2012, incluso de una manera más acusada.

Lo más interesante de esta investigación es la demostración de que fueron, precisamente, las metodologías innovadoras las que generaron la decadencia de Finlandia como potencia educativa. Así, mientras el país escandinavo recibía turismo pedagógico y era entronizado como modelo a seguir, en realidad estaba minando sus propias bases educativas. Continúa Sahlgren:

> ¿Por qué Finlandia obtuvo tal éxito en PISA? Las explicaciones al uso que se suelen aducir acostumbran a incidir en su enfoque prioritario en la equidad y en el modelo de escuela comprensiva, implantado con la reforma del sistema educativo llevada a cabo en los años setenta del siglo XX, en la ausencia de exámenes estandarizados, de rendición de cuentas, de criterios competitivos y de reformas mercado. Otras explicaciones resaltan el comparativamente reducido tiempo lectivo escolar, la poca cantidad de deberes y el actual sistema de formación del profesorado.

Sin embargo:

> Hay muy pocas evidencias en favor de cualquiera de estas razones estándar, que no parecen estar sustentadas por la mayoría de investigaciones llevadas a cabo. Además, un estudio más detenido de los resultados de Finlandia a lo largo del tiempo, nos revela que su auge empezó mucho antes de que la mayoría de causas aducidas para estos resultados hubieran podido surtir efecto. Por ejemplo, la falta de rendición de cuentas y el alto nivel de autonomía de centro y del profesorado son un fenómeno reciente. Muy al contrario, hasta finales del siglo xx, el sistema educativo finlandés estuvo muy centralizado y los centros tenían muy poca autonomía (2022: 4).

Examinada a fondo la cuestión de Finlandia, la conclusión quedó claramente sobre la mesa:

> En educación, esta particular trayectoria socioeconómica y cultural de Finlandia comportó el mantenimiento de un entorno educativo tradicional y jerárquico, que se mantuvo vigente durante un largo periodo y hasta tiempos relativamente recientes. Muy probablemente, los métodos más significativamente innovadores y centrados en el alumno no se aplicaron inmediatamente con las reformas, a pesar de las advertencias e indicaciones de las autoridades educativas. Digamos también, de paso, que un creciente número de estudios sugiere que los métodos tradicionales son más efectivos, en lo que refiere a la mejora de los resultados de los alumnos (Sahlgren, 2022: 5).

12.
Reilustración

¿Qué hacer? A mi modo de ver, hay una escuela filosófica actual que puede echarnos una mano a la hora de construir una alternativa educativa tan alejada del competencialismo monopolista como de la demagogia neonacionalista: se trata del Nuevo Realismo que vienen impulsando Markus Gabriel y Maurizio Ferraris. Por varias razones. Si bien es verdad que el poshumanismo de Rossi Braidotti, heredero de la deconstrucción radical y partidario de aprovechar las oportunidades que nos abren los avances tecnológicos, acierta cuando acusa al Humanismo clásico de convertirse en una especie de policía filosófica, porque es cierto que si volvemos a Kant y nos disponemos a fijar lo que es humano y lo que no lo es hay muchas manifestaciones culturales y acontecimientos colectivos que no entran en el espectro de la razonabilidad kantiana, y por lo tanto son automáticamente marginados. Ahora bien, ¿dónde está escrito que la Razón ilustrada haya de ser homófoba, machista, racista, supremacista, ajena al cine y a los cómics y agresiva con el mundo que nos rodea y sustenta? Lo que precisamente nos enseña Markus Gabriel es que el ser humano *es un animal, pero no únicamente un animal cualquiera*, y que la razón democrática y liberal es suficientemente dinámica y flexible como para incorporar con entusiasmo todas las luchas civilizatorias que se le presenten al ser humano.

Lo que no puede continuar pasando es que sigamos jugando a deconstruirlo todo en un momento en el que el dispositivo de dominación que nos cae encima es, precisamente, irracionalista y desregulador. En *El ser humano como animal* (2022), uno de sus libros más ambiciosos, Markus Gabriel trata de darle una segunda oportunidad a la razón dialógica inherente al proyecto inacabado de la democracia basada en las convicciones ilustradas. En nuestro país, es Adela Cortina quien viene defendiendo un renacimiento parecido del dialogismo neoilustrado. Además, no podemos perder de vista cómo se van a distribuir las novedades poshumanas: los más ricos tendrán derecho a trascender sus cuerpos y sus limitaciones materiales y disciplinarias, pero está claro que los más pobres solo van a poder acceder a las migajas y las baratijas que le sobren al sistema, o a ver qué bien les sientan las nuevas tecnologías a través de redes alienantes y banales, desde una posición de pura y simple indefensión pasiva. No hay más que pasear por algunas ciudades norteamericanas para comprobar hacia dónde camina la posdemocracia-mercado. Si te caes de un andamio, si te han echado del trabajo y te han desahuciado, el sistema solo tiene para ti una solución: los opiáceos a bajo precio. Si naces hijo de un gurú tecnológico, gozarás de una buena escuela en la que se lee, se reflexiona y se escribe; si no has tenido tanta suerte, te espera el *tittytainment*, los videojuegos adictivos y las banalidades más humillantes en clase, la mera escolarización desvirtuada, algunos videos, un poco de *coaching* y algunas bagatelas pseudocientíficas.

¿La culpa es del poshumanismo? Este puede ser imprescindible en el terreno cultural, puesto que el terreno cultural no ha de conocer límites. Los problemas vienen más bien desde la ética o la política. ¿Es que acaso es emancipador deconstruir y licuar el estado del bienestar para sustituirlo por una fiesta de la dominación? ¿No ha de haber normas para el comercio, la convivencia o el aprendizaje? Licuando la Razón ilustrada no se ha producido la liberación que prometía el poshumanismo, sino un puro y simple ataque de clase tan pavoroso como los de 1750 o 1871, con un resultado estremecedor de hambruna, adicciones, desprotección, machismo del más primitivo y nostalgia de la seguridad neofeudal.

Hay muchas ideas desarrolladas por el filósofo Markus Gabriel que nos pueden ayudar a la hora de repensar un sistema educativo neodemocrático, posterior a la crisis provocada por la digitalización. Por ejemplo, cuando niega que la razón tecnocrática sea la solución al negacionismo demagógico y conspiranoico:

La Nueva Ilustración rechaza la noción reduccionista según la cual la compleja situación de crisis del siglo XXI podrá superarse si nos «unimos detrás de la ciencia» (*march for science*). Sin duda es sumamente peligroso que haya tantas personas que niegan la validez fáctica de los conocimientos científicos. Esto obedece a una serie de causas (además de las noticias falsas, las redes sociales y otras formas de decadencia de los medios de comunicación, existe una diversidad de actores complejos, socioculturales y psicológicos). Pero precisamente estas causas del difundido síndrome del *negacionismo* (*denialism*, la negación de hechos científicos comprobados) no pueden solventarse por medio de la técnica y la ciencia, sino tan solo social y psicológicamente (2022: 122).

El ser humano, dice Gabriel, era un animal pero no únicamente un animal, puesto que el ser humano dispone de a) una cierta capacidad de organizar el futuro y b) una ética, que unida a una serie de hechos culturales, literarios, filosóficos y políticos, puede conducirle a la elaboración de un espíritu humano. Naturalmente, Gabriel no rescata la idea de «espíritu» vinculada a un alma eterna o algún tipo extraño de fantasma: lo que intenta decir es que la superstición tecnocrática, que ha provocado la crisis actual, no puede ser la solución a un problema que reclama de *todo* el espíritu humano, no solo de sus logros tecnicocientíficos, también de muchas otras vertientes, como el arte, las tradiciones, las relaciones con el planeta o los vecindarios. La *técnica en crudo* ha servido para desposeer a los pobres de sus derechos más elementales: una educación humana y una sanidad universal. Corresponde a un nuevo concepto de Razón ilustrada enmendar este hundimiento de nuestra capacidad para dotarnos de una autoorganización vivible. Las propuestas poshumanas y ciborg liberadoras han sido colonizadas por el más primitivo de los autoritarismos capitalistas. En definitiva,

la Nueva Ilustración se enfrenta al cientificismo en nombre del progreso moral —y por ende, del humano—, pero sin caer en el error de discutir los conocimientos científicos. Antes al contrario, el proyecto de una Nueva Ilustración se basa en una cooperación masiva, de incontables disciplinas y sectores: las mismas ciencias (donde, como es lógico, las ciencias sociales se incluyen con la misma relevancia y el mismo rango que las ciencias naturales y tecnológicas) deben colaborar con los otros subsistemas de la sociedad —como la economía, la política y la sociedad civil— para desarrollar una concepción del ser humano que por fin empiece a estar a la altura de todo lo que sabemos en este siglo XXI (2022: 125).

Se me dirá que eso es, precisamente, lo que se proponía la gran reforma competencial, en su dimensión propagandística y declarativa. En realidad, todo era una gran operación de estafa educativa, puesto que las reformas competenciales han sustituido los saberes humanos por conceptos burocráticos totalmente vacíos de contenidos relacionables. No tendría que haber sido así, pero ha sido así. La cultura humana ha sido cancelada en las aulas de nuestro país, en nombre del populismo tecnocrático, y a través de una intrincada jerga de origen empresarial que se ha lanzado contra todo tipo de herramientas de análisis racional.

El resultado es una escuela aparentemente hipertecnificada, pero que lo único que consigue es generar el negacionismo y los extremismos destructivos que ya estamos padeciendo, *por falta de información estructurada y sistematizada*, por falta de reflexión y de información serena. Y es que el solucionismo tecnológico y fraudulento, aliado con el neorromanticismo de los poshumanistas, ha creado un monstruo burocrático que aún no sabemos cómo frenar. Como nos recuerda Diego Hidalgo, «el credo solucionista no admite cuestionamiento. Todo pensamiento que proponga otras vías posibles de progreso se considera arrogante o retrógrado» (2021: 174). Pensamos que estamos inmersos en un proceso de mejora de los servicios educativos públicos, cuando en realidad lo que estamos consolidando es un dispositivo de dominio bajo una forma religiosa, como en el siglo IV d.C. o el siglo XVII. Para saber hasta dónde ha llegado el ser humano en el siglo XXI, hay que aprender qué es lo que ha pensado y creado el ser humano hasta el siglo XXI. La colección miserable de «competencias básicas», una presunta lista de saberes aplicados y destrezas fantasmales, no tiene nada que ver con esta aspiración educacional.

Como ya vimos, también Berardi se ha dado cuenta de que el progreso tecnológico ha acabado eclipsando (o comiéndose) el progreso social, es decir, las convicciones éticas que han de sustentar una democracia cualquiera. Por lo tanto, ya vale de borrar la historia y de sustituirla por tópicos bienpensantes, o eslóganes oportunistas. Ya basta de borrar las literaturas de todas las naciones y de insinuar que la lectura de clásicos es opresora. No hay opresión más infame que la del poderoso que decreta la ignorancia general. Lo que se combate es el integrismo tecnocrático, la dictadura del solucionismo tecnológico, para reclamar una restauración o refundación de la Razón ética y política.

El ultrapragmatismo competencial ha degenerado en varias ruinas doctrinales perniciosas hoy totalmente implantadas por decreto en nuestras aulas: un extravagante relativismo que en lugar de jugar a favor de los derechos de las minorías lo ha hecho a favor del patriarcado y los nacionalismos; un mecanicismo conductista que procedía del utilitarismo de Richard Rorty, pero que hoy no es más que su caricatura antiacadémica, un mero antiintelectualismo iconoclasta que conduce a la *logofobia*, la *bibliofobia* y la *profefobia*; así como la convicción de que cultivarse es cosa de elitistas y amargados. La realidad es que pocas cosas son tan necesarias para una democracia funcional como una cultura sólida y vigilante y una cultura obrera que precisamente se oponga a la exclusión de los contenidos necesarios para vivir autónomamente y reclamar unas condiciones dignas de trabajo.

Sin esfuerzo cultural no hay cultura de la dignidad humana. Los motivos para educar y dejar que nos eduquen no son *emocionales* sino colectivos y políticos. Si alguien ha comprendido a Hume, no será fácil darle gato por liebre, o convencerle de que un dictadorzuelo con trazas de bufón o

un generalote es un salvador de las virtudes públicas. Es posible que se trate únicamente de acabar de ver claro que las
filosofías deconstructivas de los años setenta han terminado
su recorrido, y que en su versión más fosilizada se ha convertido en un mero burocratismo al servicio de la dominación de clase.

13.
Gramsci

Muchas de las claves que buscamos las podemos encontrar en *Antonio Gramsci, una educación conservadora para una política radical,* que escribió Harold Entwistle en 1979 y que ha traducido muy recientemente Enrique Galindo. El título de la obra ya es muy indicativo de por dónde van los tiros: lo que descubrió Gramsci es que las pedagogías progresistas fomentaban el estatismo social y el conformismo, y que solo una pedagogía humanística y desligada de intereses laborales podía conducir a una cultura contrahegemónica. En otras palabras, una política obrerista coherente pasaba por sumergir a los hijos del proletariado en la misma educación elitista de la que disfrutaban los hijos de la burguesía, resumiéndolo en trazos torpes.

Por supuesto, Entwistle examina todos los flecos de la cuestión con gran exactitud y rigor histórico:

> Gramsci vio la sustitución de la hegemonía de la clase media por la clase obrera como resultado de una revolución social

basada en una reforma radical de las escuelas, especialmente en su currículo y en sus procesos pedagógicos. Pero, paradójicamente, las recetas de Gramsci para el plan de estudios y el método de la enseñanza son esencialmente conservadoras. [...] La paradoja solo se ve subrayada por el hecho de que los adversarios fascistas de Gramsci parecían estar hablando el lenguaje de la educación progresista. Por lo tanto, una implicación de sus escritos educativos es que la educación progresista tiene indicios de autoritarismo político, mientras que un énfasis educativo en la «vuelta a lo básico», en contra de las suposiciones de que este es un movimiento reaccionario que debería ser resistido por los educadores progresistas, es un requisito esencial para el desarrollo de ese temperamento del que depende la crítica social radical (2023: 10-11).

La conclusión no puede ser otra: los hijos de clase trabajadora (hoy podríamos decir «los hijos nacidos en el precariado» o directamente en un contexto de exclusión severa) han de poder pensar y actuar como una clase dominante, porque solo así podrán tomar el control de sus vidas y cambiar la situación adversa en la que son obligados a crecer. El sistema competencial actual solo hunde a estas personas en las violencias económicas y culturales que sufren en sus respectivos orígenes: «Su suposición de que los trabajadores deben llegar a pensar "como una clase dominante" deja claro que [Gramsci] vio la tarea contrahegemónica como educativa» (2023: 23-24).

La auténtica revolución no es el abanico de opciones de compra y modos de consumo que promete nuestra sociedad actual, sino la cultura que desafiaría el capitalismo libidinal para afirmar un modo de vida alternativo contra este dispositivo de dominio autocolonial. La ventaja del libro de Entwistle, escrito hace medio siglo, en los albores de la sociedad del espectáculo, es que es inquietantemente actual:

> ¿Acaso las escuelas que ya sirven a la hegemonía capitalista no tienen éxito en el desarrollo de una falsa conciencia de la clase trabajadora a través de la manipulación del plan de estudios con el fin de trasmitir la falsedad, medias (o irrelevantes) verdades y valores, y mediante la adopción de una pedagogía cuyo currículo «oculto» sirve para perpetuar los hábitos de trabajo y los valores que son funcionales solo para el mantenimiento del capitalismo corporativo? (2023: 26).

Hoy como ayer, las pedagogías llamadas «progresistas» son la garantía principal de que se impedirán contrahegemonías críticas con el predominio social de los entramados financieros y el imperialismo digital.

Las opiniones del Gramsci maduro son inequívocas: «Al proletariado le es necesaria una educación desinteresada, una escuela humanista, en fin, como se pretendía por los antiguos y más recientemente por los hombres del Renacimiento» (2023: 30). Su propia biografía lo demuestra: arrancado de la escuela para trabajar desde niño en un escritorio de contaduría, se quedó jorobado de por vida trasladando libros que pesaban muchos kilos, y solo consiguió emanciparse a través del estudio constante que lo convirtió en un excelente literato e historiador. Evidentemente, estas tesis tienen un gran interés aquí, ya que estamos intentando demostrar que una patronal con un poder indiscutido se ha apoderado de los planes de estudios de los países occidentales para apartar el acceso a la cultura y la ciencia de las clases subalternas, condenadas a malvivir en un contexto tremendamente precario en el que los servicios básicos dignos han pasado ya a la historia. Para que nuestro alumnado construya una visión contrahegemónica (contra *nosotros*, se entiende, contra *nuestro* conformismo insostenible, contra nuestra *negligencia* antiilustrada) tenemos que ser capaces de legarle unas coordenadas cívicas mínimas que ahora mismo solo son el patrimonio de una elite económica exigua. No se trata de formar *eruditos*, sino de construir una ciudadanía sana, informada, crítica y exigente, que no se deje humillar ni engañar ni desposeer fácilmente.

Uno de los caminos señalados por Gramsci pasaba por potenciar la expresión escrita. En uno de sus cuadernos dejó escrito que «se exige una lucha rigurosa contra las tendencias al diletantismo, a la improvisación, a las soluciones "oratorias" y declamatorias. El trabajo debe hacerse especialmente por escrito, así como por escrito deben ser las críticas, en notas apretadas y sucintas»; y, según Entwistle, «concluyó subrayando la importancia de la disciplina de la escritura, en especial para el intelectual de clase obrera que trata de educarse a sí mismo» (2023: 37). Quien haya ejercido la docencia en España durante estos últimos años se habrá fijado en la obsesión propagandística e ideológica de que se evalúen exposiciones orales y de que paulatinamente la cultura de la crítica escrita vaya siendo sustituida por el caldo de cultivos de lo que ha venido denominándose «neosofística» reaccionaria, que no es otra cosa que un boicot contra las funciones más reflexivas de nuestro intelecto. Todo ha de ser superficial, poco riguroso, poco acorde con hechos comprobables: lo importante es la impresión, la «emoción», y no un saber estructurado, fiable y fuente de seguridad. El amateurismo de quien está obligado a opinar sin saber causa ansiedad, causa innumerables inseguridades y complejos que se arrastran durante toda la vida adulta.

Al boicotear la cultura alfabética, la base de cualquier sistema comunicativo con raíces ilustradas, lo que se consigue es desatar un avispero de ansiedades descontroladas, de las que se aprovechan toda clase de timadores y manipuladores de masas. Según Gramsci, interpretado por Entwistle, «estar en la escuela es pasar del nivel de la filosofía espontánea e inconsciente a la filosofía de los filósofos, a sistematizar crítica y coherentemente las propias intuiciones del mundo y de la vida» (2023: 46). A esta filosofía espontánea y preescolar, Gramsci la llamaba «folklore», y en su época estaba teñida de convenciones tradicionales, fuentes mágicas, supersticiones y dogmas religiosos. En la actualidad, esa gramática invisible que moldea la vida de los jóvenes es, lamentablemente, el currículo oculto del capitalismo libidinal, profundamente machista, violento, agresivo, individualista y antisolidario. El programa de estudios, según el pensador italiano, era una lucha explícita contra ese *folklore*; hoy como ayer, el currículo debería ser un combate frontal contra la explotación y las violencias simbólicas de nuestro tiempo.

Para Gramsci, «los planes de estudio académicos no podían estar más que en desacuerdo con la vida cotidiana y la experiencia común, tal como se manifiesta en gran parte el sentido común» (2023: 50). ¿Qué hemos permitido nosotros que ocurriera? Exactamente lo contrario: las reformas competenciales han moldeado los estudios para que fomenten y consoliden el Capitalismo Libidinal, disfrazando el precariado y las violencias económicas de procesos de autodesarrollo personal.

En definitiva, «es de suma importancia para la enseñanza demostrar que la perspectiva filosófica no es la intrusión en la vida cotidiana de un conocimiento ajeno, esotérico y ocioso, sino que es una dimensión esencial de la experiencia humana universal» (2023: 53). En cambio, ¿qué hacen nuestros gobiernos? Eliminar esa «perspectiva filosófica», sustituyéndola por ridículos recetarios morales, dignos de las risas que suscitan. Si borras de un plumazo los contenidos intelectuales, insinuando que el alumnado pobre es esencialmente distinto del que sí puede llegar a ejercer el pensamiento teórico, has consolidado el «sentido común» de una clase subalterna que integra la gramática de la explotación y la competencia capitalista; en otras palabras, has logrado consolidar una sociedad explícitamente desigual, porque has logrado que los excluidos acepten y celebren su condición sobrante, intercambiable y precaria.

Por lo tanto, este combate contra el currículo oculto potenciado por las reformas competenciales debe ser planteado inmediatamente. La llamada escuela del Ser, la escuela para la Felicidad y el conformismo, responde a una necesidad extraacadémica: la necesidad de que las estructuras de poder vigentes nunca sean cuestionadas por quienes se llevan la peor parte, por quienes ocupan la base de nuestra pirámide social. Como explicó Entwistle:

El defensor moderno de que las escuelas comunitarias tengan un plan de estudios centrado exclusivamente en los problemas locales ignora el hecho de que los problemas de la comunidad —la pobreza, el desempleo y las tensiones interraciales, por ejemplo— casi siempre tienen su origen en las instituciones a nivel macro: por lo tanto, su comprensión y resolución (en la medida en la que la escolarización pueda contribuir a ello) requiere una concepción de la relevancia, de la relación entre la escuela y la vida, que puede no ser inmediatamente evidente para el alumno. Por eso, la prescripción de que el alumno defina «lo que cuenta como conocimiento educativo» es pedagógicamente poco sólida (2023: 209).

Vuelvan a leer esta larga cita anterior y díganme si no es *exactamente esto* a lo que tienden actualmente nuestras escuelas, es decir, a una enseñanza pseudolibertaria que confunde la libertad con el nihilismo conservador.

No estamos enseñando a comprender el origen de nuestra miseria, ni el de nuestras alienaciones actuales. No enseñamos por qué se considera *natural* la explotación de la mujer o el capitalismo mafioso. Nuestro alumnado pasa por la secundaria sin tener ni idea de lo que son el Liberalismo, el Neoliberalismo o los totalitarismos. Por eso es tan peligroso no corregir la imagen positiva que han conseguido construir las instituciones macro de las que parten nuestros condicionamientos políticos. Por eso ganan las elecciones los payasos, o los magnates se comportan como bufones o como *influencers* adolescentes. Porque hemos renunciado a entrenar a nuestros jóvenes en el análisis racional, que rechazan gracias al tipo de sociedad del espectáculo extrema en que hemos dejado que crezcan. La escuela ha de ser el lugar para la crítica, no el lugar para la confirmación de los dispositivos de dominio.

Un constructivista en 1985 podía afirmar que el mejor modo de acercar la materia académica al público general era buscándole puntos de enganche en la realidad cotidiana; en 2020 la idea ha vivido su propio desarrollo y se ha hipertrofiado: la función única de la escuela es la reproducción del orden legado, solo son materia de experiencia en clase los hechos culturales preescolares, celebrados como filosofías inmaculadas que la razón no puede invadir. Pocos están dispuestos a admitir que la gramática de nuestro tiempo nos viene impuesta por una serie de imperativos que no escapan de la dinámica explotación/consumo. Por el camino hemos perdido todos los valores de la Ilustración progresista y explorativa: hemos cerrado el paso a las clases medias y bajas a todas las herramientas de análisis artístico y social, decretando que pensar y crear son cosas únicamente para una élite aristocrática. El alumnado solo tiene derecho a expresarse *espontáneamente*, adánicamente, sin información rigurosa, sin coherencia, estructura ni hábitos para la autodisciplina, sin recibir el tesoro de la experiencia humana precedente, porque ese legado cultural podría restringir las opciones de compra solucionistas.

14.
Nueva izquierda
y escuelas clásicas

En diversas charlas y colaboraciones he abogado por la creación de escuelas del tipo de las llamadas realistas clásicas, y su extensión por el tejido público, lo que me ha llevado a analizar casos concretos de instituciones reales que se autodenominan con ese rótulo neohumanístico.

Si me preguntan qué es realmente una escuela clásica, responderé que una escuela que haya regresado (o que haya fundado) sus cimientos académicos sobre el suelo de la Nueva Ilustración. Un centro en el que se lean, reporten, debatan y redacten toda clase de textos filosóficos, literarios, científicos, y donde el centro lo ocupe la dignidad democrática y no los pelotazos monopolistas de un puñado de empresas con el apoyo explícito de la banca. Pero no porque la banca me parezca, *a priori*, socialmente perniciosa, ni mucho menos. Sencillamente, no es relevante en una academia, o es relevante como objeto de estudio en unas determinadas materias de carácter histórico, o para estudiar Economía. De la misma forma que comentar la estructura social que se refleja en *La Celestina* resultaría inadecuado en una sucursal bancaria o en Wall Street (experimentos artísticos aparte), la planificación económica ha de quedar fuera de las aulas públicas. Una buena evolución de la banca consistiría en dejar que los niños terminaran de formarse integralmente en centros libres intelectualmente exigentes, en lugar de interferir una y otra vez en las políticas curriculares.

La escuela no ha de trabajar para que se enriquezca una minoría a costa de la ignorancia de los de abajo. Tampoco es su función generar el crecimiento económico del momento presente. La escuela ha de ser, valga la redundancia, totalmente escolar, *para que luego esas personas integralmente formadas puedan, el día de mañana, generar tanto el progreso económico como el moral.* Lo que contemplamos hoy no es más que rapiña, hiperactividad que nos conduce al colapso social.

Y para que esto no ocurra, un requisito indispensable (y realmente difícil de cumplir) es que las formaciones políticas dejen de impulsar políticas *neoliberales* para tratar de impulsar políticas realmente progresistas. ¿Y a qué llamo «progresista», en este contexto líquido y confuso? Nada más y nada menos que a la fundación y consolidación de un estado del bienestar, que implique todas las promesas incumplidas por las democracias occidentales entre los años ochenta y los dos miles. Tenemos sobre la mesa un problema con el que intentó lidiar la administración Obama:

Los demócratas, por supuesto, son los únicos culpables de tal ineptitud. Desde principios de los años ochenta, los movi-

mientos de centroizquierda a ambos lados del Atlántico deja-
ron de hablar de la política tecnológica en términos de justicia, equidad o desigualdad. En lugar de ello, eligieron emular
a sus oponentes neoliberales y adoptar decisiones, sobre política tecnológica pero también sobre muchos otros ámbitos,
con un solo objetivo por encima de todos los demás: la innovación (Morozov, 2018: 225).

Nosotros aún no hemos despertado de ese sueño provincia-
no, de la promesa paradisíaca que nos vendían las macroem-
presas *big tech*. Fascinados por la falsa innovación, continuamos confundiendo la política tecnológica con la
necesaria agenda social; seguimos enfermos de *innovacioni-
tis*, mientras continuamos dejando que se degrade nuestro
sistema educativo, que necesita, sobre todo, *claridad* curricular, ambición académica, estabilidad de plantillas, inclusión verdadera y lugares dignos. Actualmente, la innovación
real consistiría en la creación de unos servicios públicos sólidos y fiables, caros y eficaces, y no en la exhibición de *gad-
gets*, hiperaulas, presupuestos fabulosos para maquinaria y
mitos arrogantes, lo que constituye nuestro pan de cada día.

En general nuestros partidos de izquierda se han dividido
entre derecha neoliberal, irreflexiva y *amable*, y populismo
retórico, inquisitivo y centrado en la culpabilización del
oprimido. El leninismo infantil suele levantar ampollas entre la población precarizada que exige medidas enérgicas
concretas que le protejan de trabajar todo el día por salarios
de miseria: en general hará poco caso de revoluciones que

no suelen pasar de exabruptos retóricos (cuando no son mera hipocresía en el momento en que proceden de la misma élite económica deseosa de un cierto blanqueamiento y un cierto lavado de cara). Por decirlo más llanamente: no haremos nada si nuestra izquierda no deja de ser derecha.

Incluso nuestra derecha necesitaría una izquierda seria, que le ahorrara levantamientos sangrientos. Si el Partido Socialista francés hubiera hecho las cosas bien, no hubieran muerto doscientas personas durante los levantamientos de los Chaquetas Amarillas. Esa política de izquierdas la han acabado asumiendo y canalizando los sindicatos, hartos de demagogia y dominio neoliberal. En general, no necesitamos revoluciones lingüísticas ni revolcones violentos, sino legislación seria y protección civil. ¿Y qué recibimos? Solucionismo digital, silencio administrativo: incompetencia y privatización. La democracia queda erosionada y cuestionada, y perdemos todos.

Convendría que la izquierda cambiara de mantras: la tecnocracia neoliberal, heredera del positivismo restrictivo y fósil, no es adecuada para enderezar la situación educativa (como tampoco la sanitaria). Escribe Markus Gabriel que

en la mayoría de las sociedades industriales de lo que solía llamarse «Occidente» vivimos hoy con la idea (por lo general implícita) de que el sentido de la vida consiste en hacer todo lo posible para que el progreso científico-tecnológico promueva un crecimiento económico con el que nos prometemos mejorar nuestras condiciones de vida. Se trata de una creencia errónea que nos critican, con toda razón, en particular quienes más sufren por sus efectos, pues la explotación de los recursos naturales, el imperialismo, la colonización y la arrogancia desmesurada han destruido sus mundos vitales (2022: 189).

Tiene razón. ¿Qué es lo que ven cada día nuestros jóvenes? Lisa y llanamente, que la sociedad postindustrial los despoja de todo: de tranquilidad, de relaciones estables y sanas, de futuro, de oportunidades, de empleo. Que triunfan los pillos, los mafiosos, los testiculares. Damos muy mal ejemplo, nuestras leyes de educación no compensan el mal ejemplo generalizado que damos como sociedad. Nuestras «condiciones de vida», que decía Gabriel, son preocupantemente sombrías. Por no hablar del bochornoso espectáculo político de cada día. Todo lo que acertamos a presentarles a nuestros jóvenes hoy son o bien apocalipsis acelerados y angustiosos o, en segundo lugar, paraísos de belleza total y autorrealización fuera de la realidad y alejadas del poder adquisitivo de cualquier familia media.

Por lo tanto, antes de seguir maquillando, manipulando y silenciando los datos sociológicos y los de las pruebas externas que realmente nos dan pistas aproximadas de nuestro fracaso colectivo, pongámonos a trabajar en las soluciones a largo plazo, fundadas y estratégicas, en lugar de continuar anclados en la improvisación solucionista. Pensemos cómo lograr una escuela clásica al servicio de los derechos *reales* del alumnado en nuestro sector público refinanciado.

Markus Gabriel ha pensado, indudablemente, en ello: «La Nueva Ilustración reclama una ética para todos (en concreto: clases de Ética desde como mínimo la educación primaria), para que todos debamos debatir en común sobre el desarrollo de nuestra libertad social y el sentido de la vida» (2022: 224). ¡Leer esto mientras más y más voces me llegan alertando contra la sustitución, en cuarto de ESO o incluso Bachillerato, de la Filosofía por el enésimo engendro competencial y burdamente utilitario!

Uno de los puntos que más me interesaron de una visita que hice a una escuela libre es que se enseñara Historia a niños desde muy pequeños, como asignatura troncal. Pero no esta historia desvirtuada y vergonzante de las leyes actuales, sino Historia pura y dura, que al fin y al cabo es la que *sí* interesa al alumnado de cualquier edad. En una escuela clásica, la lectura consolidada, el apoyo a los necesitados, la potencia artística, la perspectiva cronológica y relacional y el análisis racionalista estarían en el centro del aprendizaje. Quedarían fuera las fascinaciones emocionales, el oportunismo político, los fuegos artificiales retrotecnológicos y las baratijas metodológicas.

Hagan la prueba, intenten buscar páginas web de escuelas clásicas norteamericanas en Google. *A priori*, nuestra preferencia, como ciudadano europeo preocupado por la cancelación de los contenidos académicos en la enseñanza secundaria y universitaria, la opción de reconstruir nuestro sistema educativo a través de la fundación de escuelas clásicas parece la opción más sensata. Sin embargo, hay que con-

Nueva izquierda y escuelas clásicas

fesar que los resultados de la búsqueda no son muy alenta-
dores: por ejemplo, en muy pocos segundos llegamos a la
web corporativa de una corporación de campus escolares de
Alabama, las Morae Schools. Averiguamos también que desde 1994 funciona una federación de Escuelas Clásicas explícitamente cristiana con más de 300 centros y unos 400 000 estudiantes. Naturalmente, esa opción no puede ser estatal, se
trata de opciones confesionales, de pago, de élite, o directamente fundadas en el ultranacionalismo y el militarismo
imperialista. Además, las Morae apuestan decididamente
por la educación híbrida, es decir, virtual, tutorizada, pero
en modo remoto. El proyecto no tiene nada que ver con lo
que andábamos buscando.

Pronto comprendemos lo que ha sucedido allí: si hundes
la red escolar pública (dejando que los centros se degraden, o
extirpando el conocimiento de la escuela para todos), automáticamente conviertes la educación clásica en una opción
de compra. En Estados Unidos ya se ha completado el proceso que se está iniciando en España: desposeída de su dirección niveladora a través del acceso universal a la cultura, se
obliga a las familias responsables a *comprar* una educación
científica y cultural. En Estados Unidos, esa educación alternativa parece que a veces también es un acto parecido al de
comprarse un fusil de asalto en un supermercado: el logo de la
escuela Morae, de Alabama, es la bandera estadounidense, y
en el proyecto docente se especifica que el centro se diseña
como una Esparta moderna, donde la disciplina se relaciona
claramente con una forma militarista de entender la vida.

A nosotros nos interesa más Atenas... Obviamente, de la misma forma que cuando defiendo la implantación de un modelo clásico en nuestra escuela pública, no estoy pensando ni en la antigua EGB excluyente ni en el esperpento imperialista de la escuela Morae. El modelo que una izquierda que aún no existe debería impulsar sería el vector resultante de un equilibrio entre la escuela pluralista actual y el modelo clásico totalmente desvinculado de cualquier tipo de propaganda nacionalista o proyecto autoritario. Lo que debe desaparecer es la dependencia de los recetarios de las patronales, pero no por este motivo debemos reconectar con las exigencias del Estado-nación. Por esta razón insisto en la idea de *soberanía docente* frente a la idea, que me gusta menos, de *autoridad*.

Aun así, la autoridad docente no es autoritarismo político. Se trata de una ecuación falsaria e interesada que, casi cada día, vemos formulada en los principales medios del país: parece que transmitir sabiduría sea algo oscuro y peligroso, propio de retorcidos tiranos que disfrutan pegando y haciendo llorar al alumnado. En realidad, una clase humanística que funcione es una realidad mucho más sofisticada, ordenada y placentera. Se trata de una caricaturización peligrosa y semitotalitaria, puesto que está logrando colarse en el imaginario popular, dando alas a las agresiones físicas contra docentes cuyo pecado máximo es estar, literalmente, agotados por la burocracia exagerada.

Entre un sistema verticalista y la escuela pública de hoy, totalmente ahogada por el papeleo y la desorientación más caótica, una izquierda de cuño ilustrado que, repetimos, no existe a día de hoy, debería ser capaz de poner sobre la mesa un proyecto inequívocamente democrático como el que imaginaron los disidentes del franquismo: ecofeminista, pluralista, inclusivo, con un claustro vivo y también basado en la transmisión de conocimiento. La dirección actual es una mera privatización, a tres niveles: por una parte, a partir de la LOGSE se pone a competir a los centros públicos entre ellos, aumentando las preocupaciones propagandísticas y descuidando los aspectos más propiamente pedagógicos; en segundo lugar, los fondos destinados a personal para el refuerzo y la inclusión se destinan, de forma opaca, a multinacionales que abastecen de materiales digitales; en tercer lugar, se sustituyen los equipos directivos preocupados por la estabilidad de la plantilla y la solvencia de unos planes pedagógicos serios por meros gestores de estilo empresarial que se preocupan casi exclusivamente de la autoimagen del centro, el *marketing* interno y la aplicación de las medidas cosméticas que se imponen desde la administración.

El resultado es un sector público totalmente desconectado de la realidad social, en el que, paradójicamente, y al revés de lo que se predica a diestro y siniestro, el buen servicio público para el alumnado figura en el último lugar entre las prioridades de las autoridades y los equipos de gestión. Las preocupaciones son, casi siempre, llenar el centro con suficiente matrícula, soportar la presión burocrática de las administraciones, disciplinar las plantillas, tapar conflictos, velar por la buena reputación del centro, ocultar los conflictos laborales, procurar que la monstruosa documentación esté al día y vigilar que no haya quejas, protestas ni denuncias. Sofocar las ansias de oxígeno, tapiar cualquier horizonte cultural autónomo, cerrar los ojos a las necesidades políticas de los más necesitados reconociéndoles capacidad de decisión, fomentar el paternalismo más gallináceo, caciquil y decimonónico.

En las producciones neopedagogistas, parece que el mundo real no exista. Ni se habla de dinero, ni se habla de conflictividad, ni por supuesto de lucha de clases, ni de ideales ilustrados, de caridad decimonónica mal disimulada o de analfabetismo inducido. Por este motivo pueden sernos de utilidad obras que, más allá de diagnosticar la crisis de contenidos, nos describan cómo funciona realmente nuestra sociedad, para tratar de saber, por lo menos, dónde estamos y qué podemos esperar. Los paraísos pintados, los éxitos relucientes de la propaganda neopedagogista, el vitalismo de clase (al estilo de Bona, Romera o Vallory) han sido ya suficientemente desenmascarados en su función básica de propaganda para la desregulación neoliberal. Lo que toca ahora es darnos cuenta de que no contamos ni con una izquierda ilustrada ni con un proyecto suficientemente sólido de escuela pública para el aprendizaje cultural estructurado.

Una clave puede aportárnosla Slavoj Žižek cuando escribe sobre las dinámicas electorales francesa y norteamericana (2021: 103-139). Según el filósofo esloveno, Europa ha quedado condenada a elegir entre un proyecto de derecha neoliberal y una especie de restauración ultranacionalista y racista de extrema derecha. Es lo que explica que en Francia tengan que estar una y otra vez eligiendo entre Macron y Le Pen; o lo que explica que en Estados Unidos no permitan que Bernie Sanders compita y pase por delante de Biden dentro del Partido Demócrata. Morozov tiene otra opinión sobre Sanders: lo considera un populista reactivo de izquierdas, poco realista. Macron se presenta a sí mismo como un defensor de la diversidad y el respeto por las identidades sexuales de todos, pero a la hora de la verdad no deja de representar como ningún otro político la continuidad con el macroproyecto económico antidemocrático iniciado en Occidente hacia 1980.

Es lo que explica que tanto el PSOE como el PP operen como derecha neoliberal, con solo un puñado de matices entre las propuestas educativas de cada uno. Mientras los populares insistirán más en el concepto de «empleabilidad» tan caro al utilitarismo hegemónico, y apoyarán más explícitamente los conciertos a los centros de titularidad católica, el PSOE absorberá los proyectos identitarios de la izquierda neoliberal mientras continuará (de tapadillo) apoyando ese mismo proyecto confesional. Es decir, que utilizará las metas de la izquierda cultural (tan baratas y compatibles con la austeridad) para que todo continúe en el subdesarrollo inducido acostumbrado.

El resultado es que la sociedad se desertiza paulatinamente. La investigación científica no despega, los resultados académicos son de una pálida mediocridad, crece la desigualdad. El fenómeno es continental y hasta de mayor alcance:

Uno de los mayores riesgos que enfrenta la educación europea y occidental es el abandono de una visión amplia que permita la producción de nuevos contenidos científicos desde su relación con los valores y los intereses sociales. Autores como Martha Nussbaum nos ponen en guardia frente al concepto de una educación centrada en la utilidad procedimental, puesto que a medio plazo incluso el desarrollo industrial se verá profundamente comprometido (Carrera y Luque, 2016: 50).

Los *expertos*, partidarios de un pensamiento único economicista, y sus «evaluaciones científicas», ideológicamente sesgadas, impiden el trabajo pedagógico, son una interferencia constante para los procesos que requieren creatividad y diálogo paciente.

Otro importante filósofo de la política, británico, John Gray, también opina que una visión única y excluyente de la noción de Bien, la razón economicista neoliberal, resulta devastadora para las culturas y modos de vivir diversos que integran las democracias contemporáneas: «Es posible hacer una defensa de las instituciones de mercado desde el pluralismo de valores; pero no existe un tipo de instituciones de mercado que sea el mejor ni para toda la sociedad ni para todo contexto en una única sociedad» (2021: 43). Para Gray existen dos tradiciones liberales diferenciadas, una más remota que partiría del *modus vivendi* entre religiones que no se toleran (el camino iniciado por Hobbes) y otra más moderna que toleraría formas diversas de vivir y nociones de «bien» distintas, pero desde una Ilustración invasiva mezclada de monoteísmo militante. La propuesta de Gray, un liberalismo que respeta todas las nociones de bien común desde la convivencia, puede ayudarnos a construir un sistema educativo que no sea intolerante con el profesorado transmisivista y los proyectos de construcción de escuelas clásicas. Porque a mí no me cabe la menor duda de que el camino pasa actualmente por la fundación de escuelas públicas de naturaleza clásica, para que se eduquen en ellas los hijos de los desposeídos. Lo que están intentando la OCDE y la UE atropella derechos individuales y colectivos, desatando la violencia simbólica y no pocas represalias laborales contra el colectivo no competencial, contra la minoría (o mayoría no oficial, esto no está claro) que opina que los sistemas públicos deben basarse en los ideales de la Ilustración Radical y la Emancipación.

La propuesta ultraderechista les vendría muy bien a los falsos libertarios para asociar la escuela nacionalista con el modelo franquista, excluyente, violento y vertical. En realidad, solo podemos escoger entre modelos de derecha maquillada o derecha agresiva, antifeminista y racista. Por eso los docentes españoles se ahogan sin esperanza: ¿Quién lanza a los cuatro vientos la propuesta de una escuela pública civilizada, diversa y preocupada por el aprendizaje? Mientras unos demonizan el saber fuerte, otros describen y prescriben un monstruo imperial más propio de una distopía que de una democracia europea. Si nos damos cuenta, hemos caído completamente en la trampa: mientras la parte

pública se ha convertido en un caos inoperante, la privada
está recogiendo la bandera del academicismo para obligar a
pagar a todas aquellas familias que se hayan dado cuenta de
que en la escuela de la emofelicidad sus hijos no han aprendido absolutamente nada durante años.

Naturalmente, como mapa político de nuestra civilización, las sospechas de Žižek no se cumplen de un modo
completo o absoluto. Afortunadamente, tampoco las de
Morozov. Pero muchas de sus intuiciones arrojan luz sobre
lo que está sucediendo en España: por ejemplo, su idea de
lucha de clases dentro de cada gran partido. Según su análisis, los seguidores de Sanders se opondrían a la facción *woke*
del propio Partido Demócrata, mientras que los adeptos de
Steve Bannon estarían intentando reorientar el Partido Re-
publicano hacia la redención de los obreros del Medio Oes-
te, frente a las opciones más tradicionalistas de la derecha
sistémica. De un modo análogo, los oficialistas de Pedro
Sánchez han de estar sorteando constantemente las celadas
y conjuras de los partidarios de los barones del PSOE, mucho más parecidos a caciques clásicos que a reformistas pos-
modernos; en el PP, la lucha se ha escindido entre tres va-
riantes: la más liberal, la ultrapatriótica trumpiana y la
escisión neofranquista de Vox, que se ha adueñado de parte
del electorado obrero con su agresiva oferta de seguridad,
antifeminismo y blanqueo del racismo.

El esquema de Žižek, pues, se adapta bastante bien a lo
que ha venido sucediendo en casa durante los últimos años.
Lo cual puede explicar por qué una escuela clásica o un mo-

vimiento en pro del conocimiento no haya conseguido impregnar a ningún grupo político o *lobby* poderoso, por el momento. Nunca hay presupuesto para emprender reformas significativas que nos alejen del desierto de la austeridad. Sin una izquierda que no caiga en las trampas de la inquisición lingüística, sin una izquierda que estimule la reflexión y no el populismo, la escuela clásica no gozará nunca de buena prensa, será un producto más de un mercado que genera las necesidades para las cuales luego crea una solución cara. Pero lo cierto es que debemos romper con ese círculo vicioso, no solo porque puede acabar con la economía familiar de tantos hogares, sino porque perjudica claramente al alumnado que no quiere ser devorado por el paro forzoso y el precariado.

Como escribió John Gray:

Contemplar las libertades de mercado de esta manera, como derivaciones de derechos humanos fundamentales, es un gran error. Al igual que otras libertades humanas, las libertades encarnadas en las instituciones de mercado se justifican en la medida en que se satisfacen las necesidades humanas. Es decir, pueden ser razonablemente modificadas cuando no consiguen tal cosa. Y esto es válido no solo para los derechos involucrados en las instituciones de mercado, sino para todos los derechos humanos (2021: 42).

Parece un párrafo escrito expresamente para describir a los defensores de las reformas competenciales. Anunciando ser más inclusivos que nunca, segregamos más que nunca, dentro y fuera de nuestros centros. Simulando estar impulsando una gran revolución, en realidad implantamos una Digitalización que ensancha las brechas socioculturales y económicas. Legislando para la «educación de calidad» vaciamos nuestras escuelas de contenidos estructurados, mientras fomentamos la profefobia y el darwinismo social más desolador. La izquierda neoliberal culturalista, partidaria de un Gran Cambio o un Salto Hacia Adelante que tiene todo el aspecto de un milenarismo redentor, ha fracasado. No ponía al alumnado en el centro, sino que actuaba como catalizador aceleracionista. Su propuesta es, sencillamente, inaplicable; solo alcanza a impulsar disciplina burocrática, intolerancia hacia el profesorado transmisivista y leyes declarativas. Necesitamos ceder el paso a una izquierda más materialista, más sensata, más centrada en el humanismo y no tan obsesionada con la privatización y el *marketing*. Nuestro alumnado agradecería infinitamente un poco de *sentido común* progresivo.

Nuestra hipocresía colectiva es notable. ¿Quién ayuda en España al alumnado pobre que desea aprender? ¿Dónde ofrecerá nuestra administración la educación rigurosa y gratuita que necesitan nuestros jóvenes? ¿Cómo vamos a presionar a nuestros gobiernos para que se desvinculen del giro neoliberal impulsado en 1999-2000 y abandonen el autoritarismo competencial? ¿Cómo impedir que la pedagogía competencial siga confundiéndose en nuestro país con el más burdo utilitarismo clasista, una suerte de pragmatismo cutre solo para alumnado pobre y base para un futuro estamentalismo que está a punto de llegar? ¿Cómo impediremos que la Escuela Clásica se convierta en una opción elitista, ultranacionalista o neoimperialista? ¿Cómo liberamos a nuestro alumnado de la alienación y la servidumbre? La partida, de momento, no se ha llegado a perder porque ni siquiera se ha planteado.

Bibliografía

Abdelnour, Sarah y Méda, Dominique (2020) (coords.). *Cuando tu jefe es una app*. Pamplona: Katakrak.

Adorno, Theodor (2017). *Educación para la emancipación*. Madrid: Morata.

Applebaum, Anne (2021). *El ocaso de la democracia*. Barcelona: Debate.

Arendt, Hannah (1996). *La crisis de la educación. Entre el pasado y el futuro*. Barcelona: Península.

Argullol, Rafael (2013). *Maldita perfección. Escritos sobre el sacrificio y la celebración de la belleza*. Barcelona: El Acantilado.

Becker, Gary S. (1983). *El capital humano. El análisis teórico y empírico referido fundamentalmente a la educación*. Madrid: Alianza.

Berardi, Franco (2019). *Futurabilidad. La era de la impotencia y el horizonte de la posibilidad*. Buenos Aires: Caja Negra.

— (2021). *La segunda venida. Neorreaccionarios, guerra civil global y el día después del Apocalipsis*. Buenos Aires: Caja Negra.

Blay, Michel (2016). *Penser ou cliquer*. París: CNRS Éditions.

Boghossian, Paul (2018). *El miedo al conocimiento. Contra el relativismo y el constructivismo*. (Fabio Morales, Trad.). Madrid: Alianza.

Bona, César (2019). *La nueva educación. Los retos y desafíos de un maestro de hoy*. Barcelona: DeBolsillo.

Carrera, Pilar y Luque, Eduardo (2016). *Nos quieren más tontos. La escuela según la economía neoliberal*. Vilassar de Dalt: El Viejo Topo.

Carreras, Carla (2015). «John Dewey y las fuentes de la ciencia de la educación». En *Las fuentes de la ciencia de la educación*. Barcelona: Lapislàtzuli, págs. I-XXIII.

Castro Sánchez, Sergio (2020). «Google, doctrina del shock y liquidación de la escuela pública». *El Salto*, 20 de mayo de 2020.

CEOE (2017). *La educación importa. El libro blanco de los empresarios españoles*. Madrid: CEOE.

Cortina, Adela (2020). *Ética mínima*. Madrid: Tecnos.

Desmurget, Michel (2019). «La nocivité des écrans pour les enfants est un fait scientifique incontestable». *Le Figaro*, 19-12-2019.

— (2020). *La fábrica de cretinos digitales*. (Lara Cortés, Trad.). Barcelona: Península.

Dewey, John (2014). *Naturaleza humana y conducta*. Madrid: Fondo de Cultura Económica.

— (2015). *Las fuentes de la ciencia de la educación*. Barcelona: Lapislàtzuli.

Díez, Xavier (2020, 27 de abril). «Populisme pedagògic». *Ara.*

— (2022). *L'escola: espai en destrucció.* Tarragona: Lo Diable Gros.

Entwistle, Harold (2023). *Antonio Gramsci, una educación conservadora para una política radical.* (Enrique Galindo, Trad.). Madrid: Akal.

Fazarckerley, Anna (2022, 31 de diciembre). «'Exhausted, broken, at risk of heart attacks': UK headteachers quit as cuts push them to the edge». *The Guardian.*

Fernández, Susana (2020, 20 de enero). «50 profesores aprenden en Maristas a usar Minecraft en el aula». *La Opinión de Málaga.*

Fernández Liria, Jorge (2022). «Qué ha pasado en la Universidad». En *La educación cancelada.* Palma: Sloper, págs.108-123.

Fernández Liria, Jorge y Serrano, Clara (2009). *El Plan Bolonia.* Madrid: Catarata.

Fernández Liria, Jorge; García, Olga y Galindo, Enrique (2017). *Escuela o barbarie. Entre el neoliberalismo salvaje y el delirio de la izquierda.* Madrid: Akal.

Fernández Mallo, Agustín (2023). *La forma de la multitud (capitalismo, religión, identidad).* Barcelona: Galaxia Gutenberg.

Fisher, Mark (2016). *Realismo capitalista.* (Claudio Iglesias, Trad.). Buenos Aires: Caja Negra.

Floridi, Luciano (2015). *The Onlife Manifesto. Being Human in a Hyperconnected Era.* S.c.: Springer.

Gabriel, Markus (2022). *El ser humano como animal. Por qué no encajamos del todo en la Naturaleza.* (Gonzalo García, Trad.). Barcelona: Pasado & Presente.

Galindo, Enrique y García, Olga (2022). «Misión Imposible: el papel de la escuela en la "sociedad del conocimiento"». En *La educación cancelada.* Palma: Sloper, págs. 96-107.

Garcés, Marina (2017). *Nueva Ilustración Radical.* Barcelona: Anagrama.

— (2020). *Escuela de aprendices.* Barcelona: Galaxia Gutenberg.

Gil, Pascual (2020, 22 de septiembre). «Confesiones de un milennial». *Magisterio.*

— (2022a). *Schola delenda est?.* Barcelona: Apostroph.

— (2022b). «El mercado llega a la escuela». En *La educación cancelada.* Palma: Sloper, págs.124-139.

Gil Villa, Fernando (2011). *Profesores indignados. Manifiesto de desobediencia académica.* Madrid: Maia Ediciones.

Gray, John (2021). *Las dos caras del liberalismo.* Barcelona: Página Indómita.

Hidalgo, Diego (2021). *Anestesiados.* Madrid: Catarata.

Ibáñez, Ruth (2018). *Profe, una pregunta. La docencia vista desde adentro.* Barcelona: Plataforma Editorial.

Klein, Naomi (2007, 6 de mayo). «Banco Mundial: historias de hipocresía, corrupción y desprestigio». *Sin permiso.*

Kutscher, Martin L. (2017). *Niños conectados.* Bilbao: Ediciones Mensajero.

La Boétie, Étienne de (2019). *Discurso de la servidumbre voluntaria.* (Pedro Lomba, Trad. y Ed.). Madrid: Trotta.

Lasalle, José María (2019). *Ciberleviatán. El colapso de la democracia liberal frente a la revolución digital.* Barcelona: Arpa.

— (2021). *El Liberalismo herido. Reivindicación de la libertad frente a la nostalgia del autoritarismo.* Madrid: Arpa.

Laval, Christian (2004). *La escuela no es una empresa. El ataque neoliberal a la escuela pública.* Barcelona: Paidós.

L'Ecuyer, Catherine (2015, 15 de septiembre). «La crisis educativa es de atención». *El Mundo.*

— (2018, 6 de diciembre). «Niños y tecnología: de la cultura de la temeridad a la de la precaución». *El País.*

— (2018, 19 de octubre). «El día que perdimos el sentido común en la educación». *El País.*

— (2020). *Montessori ante el legado pedagógico de Rousseau.* Amazon.

— (2021). *Conversaciones con mi maestra. Dudas y certezas sobre educación.* Madrid: Espasa.

— (2023, 11 de enero). «109 escuelas públicas americanas demandan a tecnológicas alegando que sus redes sociales han creado una crisis mental sin precedente». *La Razón.*

López, Helena (2023, 17 de marzo). «Dani Cortijo: El colegio sí detecta el *bullying* y los problemas de salud mental, pero la solución siempre es un PDF». *El Periódico.*

López Menacho, Javier (2021). *Le generación like.* Madrid: Catarata.

Luri, Gregorio (2014). *Mejor educados. El arte de educar con sentido común.* Barcelona: Planeta.

— (2018). *El deber moral de ser inteligente*. Barcelona: Plataforma Editorial.

— (2020). *La escuela no es un parque de atracciones*. Barcelona: Ariel.

— (2022). *Sobre el arte de leer. 10 tesis sobre la educación y la lectura*. Barcelona: Plataforma Editorial.

Marina, José Antonio (2011). *Las culturas fracasadas. El talento y la estupidez de las sociedades*. Barcelona: Anagrama.

Martín-Arroyo, Javier (2020, 30 de abril). «Millones de datos de alumnos y profesores están expuestos por la educación online». *El País*.

Massó, Xavier (2021). *El fin de la educación. La escuela que dejó de ser*. Madrid: Akal.

— (2023, 17 de octubre). «La escuela bonsái». *Fundación Episteme*.

Mèlich, Joan-Carles (2019). *La religió de l'ateu*. Barcelona: Fragmenta.

Moreno Castillo, Ricardo (2019). *Los griegos y nosotros. De cómo el desprecio por la Antigüedad destruye la educación*. Madrid: Fórcola.

Moreno González, Gabriel (2023, 13 de enero). «Contra los ordenadores en el aula». *Diario.es*.

Morozov, Evgeny (2012). *El desengaño de Internet. Los mitos de la libertad en la red*. (Eduardo G. Murillo, Trad.). Barcelona: Destino.

— (2013, 23 de febrero). «Is Smart Making us Dumb?». *Wall Street Journal*.

— (2015). *La locura del solucionismo tecnológico*. (Nancy Viviana Piñeiro, Trad.). Madrid: Clave Intelectual.

— (2018). *Capitalismo Big Tech. Welfare o neofeudalismo digital?*. (Giuseppe Maio, Trad.). Madrid: Enclave de Libros.

Mosterín, Jesús (2015). «Prólogo». En Russell, Bertrand, *Sobre educación*. Madrid: Alianza, págs.9-29.

Muñoz Molina, Antonio (2020, 25 de marzo). «El regreso del conocimiento». *El País*.

Navarra, Andreu (2019a). *Devaluación continua. Informe urgente sobre alumnos y profesores de secundaria*. Barcelona: Tusquets.

— (2019, 29 de septiembre). «Catástrofe en el aula: ¿qué están haciendo las nuevas tecnologías a nuestros hijos?». *El Confidencial*.

— (2021). *Prohibido aprender. Un recorrido por las leyes de educación de la democracia*. Barcelona: Anagrama.

— (2021, 22 de abril). «Una guerra civil falsa». *El Diario de la Educación*.

— (2021, 9 de noviembre). «Deseducación y determinismo social». *El Diario de la Educación*.

— (2021, 22 de noviembre). «Educar en una sociedad crédula». *Fundació Episteme*.

Navarra, Andreu y Rabadà, David (2022) (eds.). *La educación cancelada*. Palma: Sloper.

Ollero, Daniel J. (2020, 25 de febrero). «Escándalo en Google: así "espía" a millones de niños en el colegio y en su casa». *El Mundo*.

Peirano, Marta (2019). *El enemigo conoce el sistema. Manipulación de ideas, personas e influencias después de la economía de la atención.* Barcelona: Debate.

Pérez Gordillo, Vanessa (2019). *La dictadura del coaching. Manifiesto por una educación del yo al nosotros.* Madrid: Akal.

Piaget, Jean (1975). *Psicología y pedagogía.* Barcelona: Ariel.

Reuters (19 de mayo de 2015). *Huelga de profesores franceses pone a prueba temple reformista del Gobierno,* por Ingrid Melander y Sophie Louet. Recuperado de https://www.reuters.com/article/idUSKBN0O41I2/

Royo, Alberto (2019). *Cuaderno de un profesor.* Barcelona: Plataforma Editorial.

— (2022). *Breviario antipedagogista.* Barcelona: Plataforma Editorial.

Ruiz Martín, Héctor (2021). *¿Cómo aprendemos? Una aproximación científica al aprendizaje y la enseñanza.* Barcelona: Graó / International Science Teaching Foundation.

Russell, Bertrand (2015). *Sobre educación.* Madrid: Espasa.

Steiner, George (2021). *La barbarie de la ignorancia.* Barcelona: Alfabeto.

Spitzer, Manfred (2005). *Aprendizaje. Neurociencia y escuela de la vida.* Barcelona: Omega.

Sahlgren, Gabriel Heller (2022). *Las auténticas lecciones finlandesas. La verdadera historia de una superpotencia educativa.* (Ricard Massó, Trad.). Barcelona: Fundación Episteme.

Vallory, Eduard (2022). *Aprendre.* Barcelona: Columna.

Varela, Julia (2007). *Las reformas educativas a debate*. Madrid: Morata.

Viadel, Francesc (2019, 29 de junio). «Divertim-nos fins a morir». *Nació digital.*

Vicente, Felipe de (2022). *De la ley al aula. Crónica de la educación en España 1977-2022.* Barcelona: Fundación Episteme / Círculo Rojo.

Viguerie, Jean de (2011). *Los pedagogos. Ensayo histórico sobre la utopía pedagógica.* Madrid: Encuentro.

Villacañas, José Luis (2020). *Neoliberalismo como teología política.* Ned Ediciones.

Su opinión es importante.
En futuras ediciones, estaremos encantados
de recoger sus comentarios sobre este libro.
Por favor, háganoslos llegar a través de nuestra web:

www.plataformaeditorial.com

Para adquirir nuestros títulos,
consulte con su librero habitual.

«I cannot live without books».
«No puedo vivir sin libros».
Thomas Jefferson

Desde 2013, Plataforma Editorial planta un árbol
por cada título publicado.

«Un conjuro contra la falsedad que tiene la ventaja
de ser horma no solo para el difícil oficio de la enseñanza,
sino para todo tipo de oficios.»
Del prólogo de Ramon Fontserè, actor y director de Els Joglars

Alberto Royo lleva años combatiendo la dictadura de la
ignorancia y defendiendo una educación sensata y necesaria
para todos, especialmente para los más desfavorecidos.
En su *Breviario antipedagogista*, con su característico uso de
la ironía y el humor, enfrenta temas que siempre han sido
polémicos entre los seguidores de la pedagogía convencional.